Les élections municipales de 2020 à l'épreuve de la crise sanitaire

Logiques Juridiques

Fondée par Gérard Marcou
Dirigée par Jean-Claude Némery et Thomas Perroud

Le droit n'est pas seulement un savoir, il est d'abord un ensemble de rapports et pratiques que l'on rencontre dans presque toutes les formes de sociétés. C'est pourquoi il a toujours donné lieu à la fois à une littérature de juristes professionnels, produisant le savoir juridique, et à une littérature sur le droit, produite par des philosophes, des sociologues ou des économistes notamment.

Parce que le domaine du droit s'étend sans cesse et rend de plus en plus souvent nécessaire le recours au savoir juridique spécialisé, même dans des matières où il n'avait jadis qu'une importance secondaire, les ouvrages juridiques à caractère professionnel ou pédagogique dominent l'édition, et ils tendent à réduire la recherche en droit à sa seule dimension positive. À l'inverse de cette tendance, la collection « Logiques juridiques » des éditions L'Harmattan est ouverte à toutes les approches du droit. Tout en publiant aussi des ouvrages à vocation professionnelle ou pédagogique, elle se fixe avant tout pour but de contribuer à la publication et à la diffusion des recherches en droit, ainsi qu'au dialogue scientifique sur le droit. Comme son nom l'indique, elle se veut plurielle.

Dernières parutions

Xavier CABANNES (dir.), *Livres et manuscrits anciens. Approche juridique, Volume 2*, 2022.
Athoumani YHOULAM, *Le contentieux administratif en droit de l'Union des Comores,* 2022.
Élise FRAYSSE, L'Etat dans la construction doctrinale du droit administratif, Tome 1, 2022.
Élise FRAYSSE, L'Etat dans la construction doctrinale du droit administratif, Tome 2, 2022.
Nabil MOUNIR, *La liberté d'expression publicitaire, Réflexions critiques*, 2022.
Jacques DELGA, *L'association syndicale libre (ASL). Un mode de gestion alternative de la copropriété,* 2022.

Léa Mortelette

LES ELECTIONS MUNICIPALES DE 2020 A L'EPREUVE DE LA CRISE SANITAIRE

Préfaces
d'Emmanuel Cartier et Jean-Philippe Derosier

L'Harmattan

5-7, rue de l'École-Polytechnique ; 75005 Paris
http://www.editions-harmattan.fr
ISBN : 978-2-14-028171-6
EAN : 9782140281716

A mes parents et enfants.

REMERCIEMENTS

J'adresse mes plus sincères remerciements au Professeur Jean-Philippe DEROSIER. La finesse de son analyse a été précieuse à la réalisation de cet ouvrage, et nos échanges à chaque étape de sa confection, essentiels. Qu'il trouve ici l'expression de ma reconnaissance et de ma considération.

Mes remerciements sont également adressés au co-directeur du Master 2 *Droit public général et contentieux publics* de l'Université de Lille, le Professeur Emmanuel CARTIER, ainsi qu'à tous les enseignants, pour leur bienveillance et leurs riches enseignements.

Je tiens à remercier plus personnellement mes proches pour leur soutien indéfectible tout au long de mes études. Tant leur amour que leur humour embellissent mon quotidien. Je vise ici tout particulièrement les deux hommes les plus généreux jamais rencontrés. Thibault, que je remercie notamment pour avoir gardé nos merveilleux enfants durant de longues heures de rédaction, et mon papa, pour m'avoir toujours encouragée.

Enfin, je remercie vivement tous ceux qui ont contribué à la relecture de ces recherches et plus largement à son accomplissement, de quelque façon que ce soit. Je vise ici particulièrement ma maman, ma relectrice la plus assidue en témoignage de son amour.

TABLE DES ABREVIATIONS

AFDC	Association française de droit constitutionnel
AIJC	*Annuaire international de justice constitutionnelle*
AJCT	*Actualité juridique des collectivités territoriales*
AJDA	*Actualité juridique de droit administratif*
AN	Assemblée nationale
Art.	Article
CC	Conseil constitutionnel
CE	Conseil d'État
CEDH	Cour européenne des droits de l'homme
circ.	Circonscription
CJA	Code de justice administrative
cons.	Considérant
CNCCFP	Commission nationale des comptes de campagne et des financements politiques
CNIL	Commission nationale de l'informatique et des libertés
coll.	collection
cons.	considérant
CSA	Conseil supérieur de l'audiovisuel
CSP	Code de santé publique
DC	Décision
DDHC	Déclaration des Droits de l'Homme et du citoyen
Dir.	Sous la direction de

DUDH	Déclaration universelle des droits de l'Homme
Ed.	Édition
Et al.	Et autres (du latin *et alii*)
Etc.	*Et cetera*
Et s.	Et suivants
ForInCIP	Forum international sur la Constitution et les Institutions politiques
IDEA	*International Institute of democracy and electoral assistance*
Ifop	Institut français d'opinion publique
JO	Journal officiel
LGDJ	Librairie générale de droit et de jurisprudence
LPA	*Les Petites Affiches*
n°	Numéro
Op. cit.	Œuvre précitée (du latin *opere citato*)
Ord.	Ordonnance
p.	Page
pp.	Pages
§	Paragraphe
PUAM	Presses universitaires d'Aix-Marseille
PUF	Presses universitaires de France
QPC	Question prioritaire de constitutionnalité
RDP	*Revue de droit public*
Rééd.	Réédition
RFDC	*Revue française de droit constitutionnel*
RFSP	*Revue française de science politique*
TA	Tribunal administratif
V.	Voir
Vol.	Volume

PREFACES

« *C'est* [...] *dans la commune que réside la force des peuples libres. Les institutions communales sont à la liberté ce que les écoles primaires sont à la science ; elles la mettent à la portée du peuple ; elles lui en font goûter l'usage paisible et l'habituent à s'en servir. Sans institutions communales une nation peut se donner un gouvernement libre, mais elle n'a pas l'esprit de la liberté.* »[1].

Cette citation bien connue de Tocqueville illustre l'importance historique et empirique de la démocratie locale dans une société aspirant à la liberté. En effet, la démocratie ne se résume pas à une doctrine politique, à une forme de gouvernement ou à un ensemble de règles électorales. Elle est à la fois une culture et un éthos, lequel se réalise dans l'expérience continue et collective des droits politiques de chaque individu, en particulier à l'échelle la plus proche des préoccupations quotidiennes de chacun : la commune. Si la crise sanitaire a eu comme principale conséquence d'aboutir dans la plupart des États démocratiques à une suspension (au-delà de la simple limitation) de nombreux droits et libertés fondamentaux dont les mesures de confinement généralisé ont constitué le paroxysme, la démocratie s'en est aussi trouvée affectée, tant au niveau national, où les parlements ont été marginalisés au profit du pouvoir exécutif, qu'au niveau local, non seulement en raison d'une recentralisation du pouvoir au profit des préfets mais surtout, plus préoccupant, en raison de la

[1] Alexis de Tocqueville, *De la démocratie en Amérique*, Vol.1, 1835, Flammarion, 2010.

suspension inédite des élections municipales entre les deux tours du scrutin et du report du second tour plusieurs semaines après par la loi du 23 mars 2020. Cette mesure dérogeait clairement, dans son principe comme dans son ampleur, aux exigences constitutionnelles d'égalité devant le suffrage, de sincérité du scrutin et de périodicité raisonnable de l'exercice du suffrage. Elle donna lieu, comme on devait s'y attendre dans un État de droit – dont l'essentiel fut pourtant préservé – à de nombreuses critiques politiques et académiques et s'accompagna rapidement d'un contentieux abondant devant les juridictions administratives locales, le Conseil d'État ainsi que le Conseil constitutionnel. Ce matériau, pour l'essentiel, constituait pour le juriste un terrain de recherche et d'analyse idéal permettant à juste titre de rendre compte de l'importance de la dimension empirique de la démocratie et de l'éthos qu'elle construit dans l'action, laquelle emprunte ici le chemin formel du droit et de la Justice. Ce terrain a été consciencieusement et brillamment arpenté par Léa Mortelette malgré une année universitaire de Master perturbée par les mesures sanitaires. Elle a ainsi démontré, au-delà de sa grande curiosité et de son appétit pour la recherche, sa grande capacité à mobiliser un matériau juridique conséquent, sensible et très récent, au profit d'une analyse fine et pertinente appuyée sur un appareil scientifique parfaitement maîtrisé. Après avoir eu la chance de participer à son jury de mémoire, à l'invitation de son directeur le professeur Jean-Philippe Derosier que je remercie encore pour sa confiance, Léa Mortelette nous a fait l'honneur de préfacer son travail. Ce travail se devait de pouvoir être largement diffusé afin d'accéder à un niveau de reconnaissance académique digne de ce nom et de servir non seulement la recherche mais aussi la communauté des juristes, et peut-être, nous l'espérons, quelques citoyens éclairés non formés au droit mais conscients de l'importance de sa mobilisation dans nos sociétés démocratiques. La publication de ce travail aux Éditions *L'Harmattan* est par conséquent bienvenue et augure sans aucun doute le début d'une belle carrière universitaire pour Madame Mortelette.

Emmanuel Cartier
Professeur de Droit public

Après le temps d'une crise, vient celui de l'analyse, l'importance de la seconde étant liée à l'ampleur de la première.

Ainsi, après la crise sanitaire que l'ensemble de la communauté mondiale a traversée au cours des années 2020 et 2021, vient désormais le temps de son analyse, livrée dans tous les domaines que cette crise a pu affecter. Sanitaire et médical, évidemment, mais aussi économique, social, psychologique, politique, diplomatique et, bien sûr, juridique. Cette pandémie n'a en effet été surmontée et jugulée qu'à grand renfort de règles juridiques exceptionnelles, dont la plus emblématique est le confinement strict, voire extrêmement strict dans certains pays, de presque la moitié de la population mondiale.

La pandémie a directement impacté la vie électorale de nombreux pays, contraints soit de reporter des élections qui devaient être organisées au moment où la crise éclatait, soit d'aménager l'exercice du droit de vote, soit d'envisager les deux solutions successivement. Loin d'être le seul, les élections municipales françaises de mars 2020 en sont un parfait exemple : initialement prévues les 15 et 22 mars 2020, le premier tour s'est déroulé au moment même où la crise éclatait en France (le Président de la République ayant annoncé, le jeudi 12 mars, la fermeture des écoles à compter du 16 mars, tandis que le Premier ministre a décidé de la fermeture de tous les lieux de vie le 14 mars au soir, avec application immédiate) et le second tour a dû être reporté *sine die*, pour finalement se tenir le 28 juin 2020.

Cet épisode démocratique et son bouleversement ont soulevé d'importantes interrogations juridiques, auxquelles des réponses issues d'expériences antérieures ne pouvaient être apportées, pour la raison simple qu'un événement d'une telle ampleur avec de tels effets ne s'était encore jamais produit. Ainsi, à la complexité même des questions de droit qui se présentaient, s'ajoutaient leur caractère globalement inédit, ainsi que l'urgence avec laquelle il fallait les traiter et les choix politiques qu'il fallait alors opérer. Si de tels choix sont lot commun dans l'élaboration de la règle de droit, son contenu étant, par définition, politique, ils échoient habituellement aux responsables politiques eux-mêmes, dont la fonction et la mission est de les opérer – y compris dans l'urgence, lorsque nécessaire. La difficulté encore supplémentaire qui s'est présentée au cours de cette crise est que des institutions, dont la fonction ou la mission n'est pas d'opérer des choix politiques, telles que le juge, y ont été nécessairement confrontées, tout en étant contraintes de rendre leurs décisions dans le strict cadre normatif qui leur est – habituellement – offert, alors qu'il n'était pas adapté pour y faire face.

À ne se concentrer que sur les élections municipales françaises de 2020, les questions juridiques sont nombreuses, diverses et fondamentales. Parmi les plus importantes, dont découleront d'autres, on compte celle de la déconnexion des deux tours d'une même élection et celle de la désertification massive des urnes, impactant, l'une comme l'autre, *a minima* le résultat du scrutin, mais aussi sa sincérité. En effet, lorsque deux tours d'une même élection, supposée n'être espacés que d'une semaine, le sont de près de trois mois et demi ou lorsque le contexte électoral est tel que la participation électorale chute de vingt points par rapport au même scrutin précédent, ce ne sont pas seulement des interrogations quant au seul aménagement du scrutin qui se posent, mais des questions plus fondamentales quant au fonctionnement de la démocratie, à la crise qu'elle traverse et qui affecte la confiance dans les institutions et au rôle des juges au sein de ces crises, le pluriel se justifiant par leur multiplicité : sanitaire, démocratique, juridique.

Si, après le temps des crises vient celui des analyses, encore faut-il disposer non seulement du recul suffisant pour les développer, mais aussi du temps nécessaire pour les construire. Entamer dès lors de telles analyses, moins d'un an après l'épisode lui-même, alors que le contentieux n'est pas épuisé et au stade d'une recherche de Master 2 paraît une gageure.

C'est pourtant ce que Léa Mortelette a décidé d'entreprendre. Elle mena sa recherche avec une rigueur exceptionnellement rare pour une recherche de Master 2, ce que la publication de son travail aux éditions L'Harmattan confirme, tant il n'est guère fréquent qu'un tel Mémoire fasse l'objet d'une telle diffusion. C'est pourtant le juste aboutissement de cette réflexion, nourrie d'une étude minutieuse de la jurisprudence, qu'elle relève, bien sûr, du Conseil constitutionnel ou du Conseil d'État, mais aussi de tous les tribunaux administratifs qui ont eu à connaître des contestations – et l'on se souvient qu'elles furent nombreuses.

Alors que le virus n'a pas disparu, mais que les vaccins proposés – en un temps record, grâce aux efforts de la recherche biomédicale – permettent de mieux y faire face, il est donc heureux que les analyses de Léa Mortelette puissent être accessibles au plus grand nombre. Aux chercheurs, qui trouveront ici de quoi nourrir leurs propres travaux sur la démocratie, les élections et la crise sanitaire qui a bouleversé l'une comme les autres. Aux praticiens de la chose publique, politique et juridique, qu'ils soient élus, administratifs ou juges, qui sauront puiser dans l'abondante analyse de jurisprudence les ressorts dont ils pourraient avoir besoin dans leurs tâches quotidiennes. Aux citoyens, enfin, qui pourront découvrir, redécouvrir et se souvenir de l'épreuve que notre démocratie a traversée en 2020 et dont est livrée ici une lecture objective.

Jean-Philippe Derosier
Professeur de Droit public
Membre de l'Institut Universitaire de France

SOMMAIRE

« *On ne confine pas la démocratie* ».
Jean-Louis Debré, Gérard Larcher.

INTRODUCTION GENERALE

« *Quand on bricole la démocratie, il y a un risque qu'elle s'effondre* »[2]. Tels sont les mots du Professeur Dominique ROUSSEAU concernant la gestion des élections municipales de 2020, qu'il qualifie de « *bricolage* »[3] en raison de l'atteinte portée aux principes constitutionnels censés régir les élections. Afin de déterminer, au terme de cette étude, si le maintien du premier tour des élections municipales et le report du seul second tour ont effectivement ébranlé les principes électoraux, il convient de recontextualiser brièvement cette séquence électorale.

La dernière séquence électorale municipale s'inscrit dans un contexte de cumul de crises préexistant[4], mais surtout dans le commencement d'une crise sanitaire liée au Covid-19, d'une ampleur exceptionnelle, qui a sévi concomitamment à la campagne du premier tour. La simultanéité de la première vague épidémique sur le territoire national et de la séquence électorale des municipales a perduré jusqu'à leur issue, à tel point que cette séquence électorale fut qualifiée de « *symbole, voire d'allégorie* »[5] de la première phase de l'épidémie. En effet, les premier et second tours marquent respectivement l'entrée et la sortie de cette première vague. Le

[2] Dominique ROUSSEAU, propos recueillis par Henry SYLVAIN, « Il faut annuler le résultat du premier tour et réorganiser totalement les élections municipales », *Acteurs publics* [en ligne], 18 mars 2020.

[3] *Ibidem.*

[4] L'interconnexion de crises se compose, entre autres, des crises économique, sociale, de la représentation, environnementale, *etc.*

[5] Jean-Philippe DEROSIER, « Deux scrutins à un tour, ou des élections municipales originales, décision n° 2020-849 QPC du 17 juin 2020, M. Daniel D. et autres [Modification du calendrier des élections municipales] », *in :* CARTIER Emmanuel, DEROSIER Jean-Philippe, « Chronique de droits fondamentaux et libertés publiques (janvier 2020 à juin 2020) », *Titre VII* [en ligne], octobre 2020, n° 5.

premier tour s'est tenu le dimanche 15 mars[6], soit deux jours avant la prise d'effets de l'interdiction de déplacement ; tandis que le second tour initialement prévu le 22 mars a été reporté au 28 juin[7] et la sortie de l'état d'urgence programmée au 11 juillet[8].

Parmi les faits survenus durant cette période, il y eut les annonces de fermeture des lieux qui forgent la vie en communauté. Tout d'abord, il y eut, le jeudi 12 mars, l'annonce par le Président de la République de la fermeture des écoles, tout en maintenant le premier tour prévu le dimanche suivant. À la veille du premier tour ensuite, soit le 14 mars, le Premier ministre annonçait la fermeture des « *lieux recevant du public non indispensables à la vie du pays* » ; altérant par la même le climat de confiance nécessaire au bon déroulement du scrutin. Ce même jour, l'épidémie entrait dans son stade 3. La crise s'intensifiant – tel que cela était prévisible –, c'est seulement au lendemain du premier tour que le Président de la République déclarait le confinement généralisé ; reportant par voie de conséquence le second tour prévu une semaine plus tard, dont le report fut acté par la loi n°2020-290 du 23 mars 2020, fondement de l'état d'urgence sanitaire.

Dès lors, les élections furent entachées par ce contexte de flambée de l'épidémie. Il est certain qu'un scrutin ne peut se voir qu'ébranlé dans ses modalités et ses principes dans de telles circonstances, dont la gestion laisse de surcroît à désirer. S'il était déjà fort probable que la séquence électorale soit

---

6 Art. 1 du Décret n°2019-928 du 4 septembre 2019 fixant la date du renouvellement des conseillers municipaux et communautaires, des conseillers de Paris et des conseillers métropolitains de Lyon, et portant convocation des électeurs.

7 Décret n° 2020-642 du 27 mai 2020 fixant la date du second tour du renouvellement général des conseillers municipaux et communautaires, des conseillers de Paris et des conseillers métropolitains de Lyon, et portant convocation des électeurs.

8 Loi n° 2020-856 du 9 juillet 2020 organisant la sortie de l'état d'urgence sanitaire (notons que cette loi de sortie d'état d'urgence prolonge les mesures d'état d'urgence jusqu'à ce que ce dernier ait été rétabli).

affectée en présence de tous ces éléments qui lui étaient défavorables, sa gestion insensée, sinon chaotique, a exacerbé les effets des facteurs préjudiciables au bon déroulement des élections, au lieu de les amenuiser. Ces faits ont mené tout un pan de la doctrine à s'insurger et vivement décrier la gestion de la crise sanitaire, dénoncée comme ayant bafoué les principes électoraux[9]. Eu égard à l'importance des élections dans une démocratie, et *a fortiori* des élections municipales, les lacunes de leur gestion ne peuvent être que déplorées.

L'introduction exposera la place centrale qu'occupent les élections municipales dans la Vème République (I), avant de présenter certaines garanties inhérentes au régime démocratique en matière électorale (II), sélectionnées parmi celles mises en cause lors des élections municipales de 2020, sur lesquelles le présent mémoire se concentrera. Ensuite, l'introduction précisera les difficultés juridiques soulevées par cette séquence électorale (III), pour enfin présenter la problématique retenue, la méthode de résolution, ainsi que le plan (IV).

I. La place des elections municipales dans la Veme Republique

Dans une démocratie contemporaine – et donc représentative[10] –, l'élection est centrale. Si la démocratie, du grec *dêmos* (peuple) et *kratos* (pouvoir), s'entend idéalement

---

[9] V. par exemple Jean-Philippe DEROSIER, propos recueillis par Franck JOHANNES, « Reporter le second tour est anticonstitutionnel », *Le Monde*, 20 mars 2020, p. 6 et Bastien SCORDIA, « Le report du second tour des élections municipales divise les constitutionnalistes », *Acteurs publics* [en ligne], 25 mars 2020.

[10] Il est communément admis que les démocraties contemporaines prennent nécessairement la forme représentative, (V. notamment Jean-Philippe DEROSIER, « Des techniques de participation issues d'un seul gène : la démocratie », *in* : Alain DELCAMP et al. (dir.), *Nouvelles questions sur la démocratie*, Dalloz (Thèmes et commentaires), octobre 2010, p. 108.

comme le régime politique dans lequel il y a « *identification des gouvernants et des gouvernés* »[11] et donc dans lequel le peuple exerce lui-même le pouvoir dont il est le titulaire ; elle s'entend plus pragmatiquement comme le régime dans lequel les citoyens – détenteurs du pouvoir suprême – participent aux affaires publiques, possiblement par l'intermédiaire de représentants qu'il élit[12]. En effet, dans l'acception commune que revêt désormais la démocratie, celle-ci ne suppose plus nécessairement l'exercice direct du pouvoir par le peuple. L'éventualité d'une représentation du peuple ne lui est plus opposée, mais elle y est *a contrario* intégrée[13]. En partant du postulat selon lequel le pouvoir suprême consiste à produire des normes, la démocratie représentative se caractérise ainsi « *d'une part, par l'élection de représentants habilités à produire des normes en lieu et place des gouvernés, qui deviennent les représentés, et, d'autre part, par la légitimation des décisions prise sur le fondement des normes élaborées par les représentants* »[14] ; l'identité « *immédiate* »[15] entre les producteurs et les destinataires de la norme étant alors transformée « *en une identité médiate, à travers le prisme du mandat* »[16]. Pour autant, être en démocratie représentative ne signifie nullement que les citoyens se bornent à élire leurs représentants habilités à produire des normes, puisque la démocratie peut être semi-directe. Cela renvoie à une « *variété*

---

11 Hans KELSEN, *La démocratie. Sa nature – Sa valeur* (trad. de la 2e éd., Charles EISENMANN), Sirey, Paris, 1932 ; rééd. Dalloz (Bibliothèque Dalloz), 2004, p. 14.

12 Gérard CORNU, *Vocabulaire juridique*, 11è éd., Paris, PUF, 2016, p. 322

13 Anne-Marie LE POURHIET, « Définir la démocratie », *RFDC*, mars 2011, n° 87, p. 454, le tout « *sur la base d'une distinction devenue classique entre la démocratie directe et la démocratie représentative* », lesquelles coexistent désormais dans de nombreuses constitutions.

14 Jean-Philippe DEROSIER, « Des techniques de participation issues d'un seul gène : la démocratie », *Op. cit.*

15 Jean-Philippe DEROSIER (dir.), *La désignation des gouvernants : Les Cahiers du ForInCIP n°2*, Paris, LexisNexis, 2017, p. XIII.

16 *Ibidem.*

de la démocratie indirecte »[17] qui comporte des mécanismes de la démocratie directe en pleine émergence tels que le référendum, l'initiative populaire, le veto populaire, *etc.* Ainsi, le peuple exerce son pouvoir souverain par l'intermédiaire de représentants élus au suffrage universel et par des procédés issus de la démocratie directe.

La démocratie constitue la caractéristique[18] et le principe[19] de notre République, à savoir « *le gouvernement du peuple, par le peuple et pour le peuple* »[20]. En conséquence, et comme le confirme l'article 3 de la Constitution, « *la souveraineté nationale appartient au peuple qui l'exerce par ses représentants et par la voie du référendum* »[21].

À la lumière de cet article, le vote apparaît alors comme la clef de voûte de la démocratie et l'élection se trouver en son cœur[22]. Le vote renvoie à l'acte par lequel un citoyen participe à la désignation de ses gouvernants ou à la prise de décision. L'élection, du latin *electio* (choix), s'entend comme l'opération d'investissement d'un mandat ou d'une fonction qui s'accomplit par le biais du vote d'un collège électoral[23]. Tel un choix opéré par les citoyens de certains d'entre eux pour conduire des affaires publiques, l'élection politique constitue

---

17 Gérard CORNU, *Op. cit.*

18 Art. 1 de la Constitution.

19 Art. 2 al. 5 de la Constitution.

20 Il s'agit de la reprise du célèbre aphorisme d'Abraham LINCOLN issu du *discours de Gettysburg* du 19 novembre 1863.

21 En d'autres termes, le titulaire de la souveraineté est le peuple, mais cela s'inscrit dans le cadre de la nation. Selon Philippe FOILLARD, *Droit constitutionnel et institutions politiques,* 20è éd., Bruxelles, Bruylant (Paradigme), 2014, p. 48 – il s'agit d'un consensus opéré entre la théorie de la souveraineté populaire et celle de la souveraineté nationale, dont le clivage a toutefois perdu en pertinence, et tel qu'on le retrouve dans d'autres constitutions, à l'instar de la Constitution espagnole qui prévoit en son article 1-1 que « *La souveraineté nationale réside dans le peuple espagnol duquel émanent les pouvoirs de l'État* ».

22 *Idem,* p. 51.

23 Gérard CORNU, *Op. cit.*, p. 388.

la fonction même des citoyens dans la démocratie, en ce qu'elle lui permet de s'impliquer dans les affaires publiques. En outre, c'est l'élection qui confère la légitimité aux pouvoirs constitués. Plus que la fonction du citoyen ou la source de légitimité des gouvernants, l'élection politique constitue « *le socle de la démocratie représentative* »[24]. En ce qu'elle en est désormais la modalité comme l'expression, elle est incontournable et fondamentale.

Les élections municipales sont tout particulièrement importantes pour la démocratie, la commune étant son « *berceau* »[25], son « *premier laboratoire* »[26]. En effet, les élections municipales ont été l'un des premiers exercices de la démocratie dans l'histoire politique française. Par ailleurs, il est désormais communément admis que le scrutin municipal est de nature politique et non plus administrative[27]. En tout état de cause, le droit électoral ne distingue pas la démocratie locale de la démocratie nationale et les principes constitutionnels qui en déterminent le régime sont communs à l'exercice de l'une et de l'autre[28]. En outre, en raison notamment de l'impact direct qu'il a sur le quotidien des citoyens, le scrutin municipal était jusqu'alors relativement préservé de l'érosion de la participation ; puisqu'il mobilise, juste derrière les élections présidentielles, le plus de votants[29].

---

24 Hervé CAUCHOIS et Jean-Charles SAVIGNAC, *Droit et pratique des élections*, 3è éd., Boulogne-Billancourt, Berger-Levrault (Les indispensables), 2017, p. 13.

25 Pierre BONTE, « La commune, c'est le berceau de la démocratie », *France Dimanche* [en ligne], 12 décembre 2015.

26 Philippe ARDANT, Huges PORTELLI, « La démocratie municipale », *Pouvoirs,* 1995, n° 73, p. 5.

27 Ce fait établi est corroboré par la décision CC, n° 82-146 DC, 18 novembre 1982, *Loi modifiant le code électoral et le code des communes et relative à l'élection des conseillers municipaux et aux conditions d'inscription des Français établis hors de France sur les listes électorales* – qui affirme le caractère de suffrage politique des élections locales, notamment municipales.

28 Yves GAUDEMET, *Les élections locales*, Paris, Dalloz, 1991, p. 246.

29 Jean-Philippe DEROSIER, « Élections municipales : la fin du nouveau monde », *La Constitution décodée* [en ligne], 25 novembre 2019.

Selon le Professeur Jean-Philippe DEROSIER, le scrutin municipal de 2020 revêt un enjeu fort : il est national et politique[30]. Sa dimension nationale résulte notamment du fait que le scrutin municipal intervienne à mi-mandat présidentiel et qu'il constitue à ce titre *« un marqueur important de la perception de la politique menée par le Gouvernement »*[31]. Au surplus, il favorise l'ancrage territorial des forces politiques, lequel est le préalable classique à l'accès au pouvoir ; les élus municipaux étant les premiers relais territoriaux des partis politiques, dont ces derniers ont besoin pour mener campagne, faire retentir leur message, assurer la mobilisation locale, *etc.*[32]. De façon pléthorique, les élus municipaux représentent l'essentiel du collège électoral sénatorial, celui-ci étant composé pour 95% de délégués des conseillers municipaux. Ainsi les élections municipales sont-elles essentielles, – non pas que les autres élections ne le soient pas – mais que celles-ci le soient tout particulièrement.

Les élections municipales permettent d'élire les conseillers municipaux, c'est-à-dire les membres du conseil municipal. Le conseil municipal constitue l'autorité délibérante de la commune, elle-même à la fois circonscription administrative de l'État et collectivité décentralisée qui s'administre librement par le biais d'institutions élues. Le maire – élu par et dans le conseil municipal – ainsi que les adjoints représentent quant à eux l'autorité territoriale. Conformément à la tradition française relative aux mandats locaux, les conseillers municipaux sont élus – sauf exceptions[33] – pour six ans et au mois de mars[34], au suffrage universel direct.

---

30 Jean-Philippe DEROSIER, « L'enjeu présidentiel des élections municipales », *La Constitution décodée* [en ligne], 9 mars 2020.

31 Jean-Philippe DEROSIER, « Élections municipales : la fin du nouveau monde », *Op. cit.*

32 *Ibidem.*

33 À titre d'illustration, les assemblées propres aux collectivités d'outre-mer sont souvent renouvelées tous les cinq ans.

34 Art. L. 227 du code électoral.

Dans les communes de plus de mille habitants, le scrutin est de liste et à deux tours. L'élection peut être acquise dès le premier tour si une liste recueille la majorité absolue des suffrages exprimés. Dans un souci de concilier justice électorale et efficacité politique, il fait, depuis 1982, l'objet d'un système mixte entre le scrutin majoritaire (lequel implique que le ou les candidats ayant obtenu la majorité des suffrages sont élus sans tenir compte des suffrages recueillis par les concurrents) et le scrutin proportionnel (lequel implique que les sièges à pourvoir le soient entre les différentes listes, proportionnellement au nombre de suffrages recueillis). Ainsi, la moitié des sièges sont pourvus à la liste en tête, et l'autre moitié des sièges est répartie à la proportionnelle, entre toutes les listes ayant recueilli au moins 5% des suffrages. Ce système de « *prime majoritaire* » permet d'assurer une majorité au vainqueur, lui permettant de mener sa politique, ainsi que la représentation de l'opposition au conseil municipal[35].

Les élections des membres du Conseil de Paris, du conseil municipal de Lyon, du conseil municipal de Marseille et des conseillers d'arrondissements de ces villes à secteurs se tiennent en principe dans les mêmes conditions que dans les communes de plus de mille habitants[36].

Dans les communes de moins de mille habitants, le système mixte n'est pas utilisé. Le scrutin y est majoritaire et plurinominal. Les élections peuvent être acquises dès le premier tour si les candidats obtiennent la majorité absolue des suffrages exprimés et que ceux-ci correspondent au moins au quart des électeurs inscrits. Dans l'hypothèse d'un second tour, les candidats obtenant le plus de voix sont élus pour occuper les sièges restants.

A l'instar des autres élections politiques, les élections municipales sont encadrées par des principes et des normes

---

[35] Philippe FOILLARD, *Op. cit.*, p. 65.

[36] Art. L. 271 et L. 272 du code électoral.

qui tendent à assurer le respect des exigences inhérentes au régime démocratique.

II. Des garanties democratiques en matiere electorale

Conformément au principe démocratique, la souveraineté implique le droit de vote, lequel doit être entouré de nombreuses garanties. Comme le relève Anne-Marie LE POURHIET, « *tous les droits indispensables [au] choix [(opéré par le biais du vote)] sont inhérents à la démocratie* »[37], à commencer par le droit de vote. Si les modalités du droit de suffrage varient selon les époques, le vote comme « *mode de désignation démocratique des gouvernants* »[38] suppose que le droit de vote soit conféré à tous les citoyens et par extension que ceux-ci soient en mesure de l'exercer. Le corps électoral, entendu comme l'ensemble des personnes qui bénéficient du droit de vote, s'est étendu par le mouvement progressif d'universalisation du droit de suffrage[39], jusqu'à être composé de tous les citoyens.

Cela ne fait toutefois pas obstacle à l'établissement de certaines conditions minimales. En effet, selon Francine et André DEMICHEL, l'universalité du suffrage peut tout à fait s'accommoder de certaines restrictions dans l'accès au droit de vote, dès lors que celles-ci sont « *essentiellement techniques, peu nombreuses et ne visent aucune catégorie sociale, idéologique ou professionnelle en tant que telle* »[40]. Aujourd'hui en France, le droit de vote est octroyé aux personnes majeures, ayant la

---

37 Anne-Marie LE POURHIET, « Définir la démocratie », *Op. cit.*

38 Philippe FOILLARD, *Op. cit.*, p. 55.

39 V. par exemple l'impulsion sous la 3ème République d'instaurer un système d'élections démocratiques, malgré l'éviction des femmes ; ainsi que l'ouverture du vote aux femmes, aux majeurs de 18 ans puis aux citoyens européens pour les élections locales.

40 André DEMICHEL, Francine DEMICHEL, *Droit électoral*, Paris, Dalloz, 1973, p. 20.

nationalité française, jouissant de leurs droits civils et politiques et enfin inscrites sur listes électorales. Pour les élections municipales, le Traité sur l'Union européenne tel qu'issu du Traité de Maastricht de 1992 a accordé le droit de vote et d'éligibilité à tous les citoyens de l'Union résidant dans un État membre. Le droit de vote et d'éligibilité (à l'exception des fonctions de maire et d'adjoint) aux citoyens européens résidant en France a ainsi été inséré dans la Constitution, précisément à l'article 88-3. Le vote est un droit dont l'exercice est facultatif, mais dont la liberté doit être garantie.

Une fois le droit de vote accordé, encore faut-il que ses corolaires le soient également, afin que le principe démocratique vive. C'est pourquoi le droit électoral prend corps au travers de nombreux principes et que l'élection n'a de sens que si elle a lieu dans leur respect. Richard GHEVONTIAN souligne à ce propos que « *si la démocratie est la seule forme de pouvoir compatible avec l'État de droit, elle ne peut réellement exister que si l'élection, qui en constitue le temps fort, est entourée de toutes les garanties nécessaires pour en assurer la régularité et donc la sincérité* »[41]. Si la liste de tous les principes électoraux ne peut être ici dressée, quelques-uns d'entre eux seront brièvement présentés en introduction, et d'autres dans les développements qui lui succèderont.

L'article 3 alinéa 3 de la Constitution énonce, comme base du choix des représentants, que « *le vote est universel, égal et secret* ». Dans l'article qui suit, sont soulignés le rôle des partis ainsi que le « *respect des principes de la démocratie* » ; le pluralisme, les libertés d'opinion, d'expression et des médias étant consubstantiels à la démocratie[42]. Dès lors que la liberté est

---

[41] Richard GHEVONTIAN, « La notion de sincérité du scrutin », *Cahiers du Conseil constitutionnel*, n°13, Dossier : *La sincérité du scrutin*, janvier 2003.

[42] Michel MIAILLE, *Les mots clés de la citoyenneté*, Dalloz (À savoir), 2018, p. 252 ; CC, n° 2004-490 DC, 12 février 2004, *Loi organique portant statut d'autonomie de la Polynésie française,* cons. 84 : « *le principe du pluralisme des courants d'idées et d'opinions, lequel est un fondement de la démocratie* ».

« *la valeur de base de la démocratie pluraliste* »[43], le droit à des élections libres se trouve être au cœur de la démocratie.

Le principe de sincérité du scrutin a été consacré par le Conseil constitutionnel dans sa posture de juge électoral[44] et il est également mobilisé par lui dans son rôle de juge de constitutionnalité. Pour la première fois d'ailleurs, il a été invoqué dans le cadre d'une question prioritaire de constitutionnalité (ci-après QPC) puis érigé en droit et liberté que la Constitution garantit, à l'occasion du contentieux des élections municipales de 2020[45]. Traditionnellement apprécié à l'échelle locale, il a dernièrement été reconnu à l'échelle nationale et rattaché à l'article 3 de la Constitution[46]. Cet impératif peut s'entendre comme « *le révélateur de la volonté réelle de l'électeur* »[47] et recouvre ainsi des principes fondamentaux du droit électoral issus du « *patrimoine électoral européen* »[48], à l'instar des exigences de liberté et d'égalité devant le suffrage, qui résident auprès du caractère secret du vote[49]. Ce principe implique donc que les électeurs puissent se déterminer librement et que leur suffrage ne soit pas altéré une fois émis. Il impose en outre que les électeurs aient toutes les

---

43 Philippe FOILLARD, *Op. cit.*, p. 47.

44 CC, n°58-75 AN, 6 janvier 1959, *A. N.*, *Seine (46ème circ.)*, §3.

45 Commentaire de la décision CC, n°2020-849 QPC, 17 juin 2020, *M. Daniel D. et autres [Modification du calendrier des élections municipales]*, disponible sur le site du Conseil constitutionnel : « *Comme il l'avait déjà admis à propos du principe d'égalité devant le suffrage, le Conseil constitutionnel a ainsi implicitement reconnu, pour la première fois, que le principe de sincérité du scrutin et le droit de suffrage étaient des droits ou libertés garantis par la Constitution au sens de son article 61-1 et qu'ils pouvaient donc être invoqués au soutien d'une QPC* ».

46 CC, n°2018-773 DC, 20 décembre 2018, *Loi relative à la lutte contre la manipulation de l'information*, §16.

47 Richard GHEVONTIAN, « La notion de sincérité du scrutin », *Op. cit.*

48 Pierre GARRONE, « Le patrimoine électoral européen. Une décennie d'expérience de la Commission de Venise dans le domaine électoral », *RDP*, 2001, n° 5, p. 1417.

49 V. pour cette thèse Richard GHEVONTIAN, « La notion de sincérité du scrutin », *Op. cit.*

informations sur la teneur de l'élection, en amont du vote[50]. Au regard de sa définition néanmoins, les éléments qui permettent de garantir la sincérité d'un scrutin ne peuvent être prédéfinis exhaustivement. La sincérité du scrutin peut revêtir d'autres exigences qui lui seraient – par voie de conséquence – inhérentes. En d'autres termes, sa substance, son essence, n'est pas figée. Elle peut se révéler au gré des séquences électorales et être précisée par le juge à ces occasions. En tout état de cause, ce principe se trouve au cœur des préoccupations des juges électoraux. Plus encore, c'est son altération qui justifie une annulation d'élections. Par suite, la sincérité du scrutin est un critère essentiel, au même titre que l'écart de voix[51].

Pour satisfaire aux exigences inhérentes à la démocratie, les modalités d'exercice de la souveraineté doivent donc respecter les composantes de la sincérité du scrutin, et ce à tous les stades du processus électoral. En effet, les normes et principes électoraux tendent à régir le processus électoral *lato sensu*[52] et s'imposent alors indistinctement à chacune de ses phases. A titre d'illustration, la sincérité, dont l'exigence ne s'étend pas au seul scrutin, est non seulement « *déjà conditionnée par le cadre général dans lequel l'élection va se dérouler* »[53], mais sa temporalité s'étend jusqu'à l'expiration de son contentieux.

Accorder une telle place à la phase préalable au vote s'inscrit dans une conception délibérative de la démocratie, affranchie d'une conception agrégative de celle-ci. Elle mène

---

50 CC, n°2013-673 DC, 18 juillet 2013, *Loi relative à la représentation des Français établis hors de France.*

51 V. par exemple CE, 19 juin 2015, *Élections municipales de Saint-Joseph [La Réunion]*, n° 385704 ; CE, 19 juin 1998, *Élections municipales de Vitrolles et Anglade,* n° 189731.

52 C'est-à-dire que le processus électoral ne se résume pas aux seules opérations de vote, mais il englobe, *a contrario*, les temps qui les précèdent et qui les succèdent : la compétition électorale s'étend de la campagne au contentieux électoral, en passant par la désignation des candidats et le déroulement du scrutin.

53 Richard GHEVONTIAN, « La notion de sincérité du scrutin », *Op. cit.*

à considérer le processus délibératif qui a lieu en amont de l'élection – au sens strict – au moins tout autant que le seul acte d'élire, et suppose que le contexte électoral permette aux citoyens d'avoir « *le temps et les moyens de s'informer sur les différentes options politiques* »[54], dans la mesure où *« la procédure qui a précédé la décision est une condition de légitimité tout aussi nécessaire que le principe majoritaire ; [et que] c'est la conjonction des deux éléments qui crée la légitimité* »[55]. En somme, du fait que le « *processus électoral [puisse] se résumer à un calendrier dont les phases essentielles se déroulent avant la date du scrutin, celle-ci s'avère donc déterminante* »[56].

Enfin, puisque la démocratie suppose un certain nombre de « *moyens concrets au service [des] déclarations* »[57] et que « *la liberté ne peut s'exercer que si des institutions spécifiques y concourent* »[58], le juge des élections figure au premier plan des garanties d'élections politiques démocratiques. Très logiquement, tout citoyen ou candidat peut contester une élection[59]. Au sens strict, le contentieux électoral « *désigne l'ensemble des litiges nés des protestations qui sont dirigées contre les modalités d'organisation des opérations et les résultats d'une élection* »[60], en vue de la réformation ou de l'annulation d'une partie au moins des résultats. Au sens large, le contentieux électoral renvoie également au contentieux des actes préparatoires, au contentieux relatif aux listes électorales ainsi qu'au contentieux répressif. Le contentieux (au sens strict) des élections municipales, cantonales et régionales constituées relève du juge administratif, et plus précisément du tribunal administratif en premier ressort et du Conseil d'État en appel (à l'exclusion des

---

54 Chiara DESTRI, Cyrille THIEBAUT, « De la démocratie en temps de Covid-19 », *The Conversation* [en ligne], 13 mars 2020.

55 Bernard MANIN, « Volonté générale ou délibération ? Esquisse d'une théorie de la délibération politique », *Le débat*, janvier 1985, n° 33, p. 90.

56 Stéphane COTTIN, Guy PRUNIER, *Campagne électorale et élections locales,* Dalloz (Corpus), 2019, p. 5.

57 Michel MIAILLE, *Op. cit.* p. 46.

58 *Ibidem.*

59 Art. L. 248 du code électoral.

60 Hervé CAUCHOIS, Jean-Charles SAVIGNAC, *Op. cit.*, p. 223.

élections régionales qui relèvent exclusivement du Conseil d'État) ; bien que d'autres juges soient également compétents en matière électorale, à l'instar du juge judiciaire qui a à connaître des litiges relatifs à la qualité d'électeur (soit des inscriptions et radiations des listes).

L'importance du contentieux électoral est, *a minima,* de deux ordres. Le premier est quantitatif : il s'agit d'un contentieux saisonnier, dit « *de masse* » en ce qu'il donne lieu à une jurisprudence abondante, dont le contentieux le plus important numériquement n'est autre que le contentieux des élections locales[61]. Le second est qualitatif, du fait que la jurisprudence électorale intervienne dans un domaine fondamental pour la démocratie. Plus encore, c'est le juge électoral qui garantit le bon déroulement de l'ensemble du processus électoral[62] et il occupe de ce fait une place centrale dans la mise en œuvre de ce droit[63].

L'objet et les règles dérogatoires au contentieux administratif général fondent la singularité du contentieux électoral, qui a ses propres caractéristiques[64]. Sa finalité consiste à veiller au « *respect des principes protecteurs qui entourent [le vote], [et que] le mandat [soit] à l'abri de tout soupçon* »[65]. Pour ce faire, le juge effectue un contrôle *in concreto.* L'office du juge consiste davantage en l'appréciation de l'incidence des irrégularités sur la campagne, les résultats ou les électeurs, que sur la sanction automatique des irrégularités. Les incidences peuvent être, à titre d'illustration, le vice de la libre volonté des électeurs, la rupture d'égalité ou l'atteinte à la loyauté de

---

61 *Idem*, p. 224.

62 V. en ce sens Jean-Pierre CAMBY, « Avant-propos », *in* : Jean-Pierre CAMBY et Christelle DE GAUDEMONT, *Code électoral 2020 (annoté)*, 26e éd., Paris, Dalloz (Droit public), 2020.

63 V. en ce sens Hervé CAUCHOIS et Jean-Charles SAVIGNAC, *Op. cit.*, p. 14.

64 V. notamment Olga MAMOUDY, « Le contentieux électoral », *AJDA*, 2020, p. 217.

65 *Ibidem.*

la compétition électorale[66]. Seules les irrégularités affectant la sincérité du scrutin seront sanctionnées[67]. Cette sanction peut consister en l'annulation de l'élection, en la modification ou la réformation des résultats. Les pouvoirs du juge sont très étendus en matière électorale, puisque ce dernier peut même invalider un candidat ou proclamer élu le suivant de liste. Il ne peut néanmoins prononcer l'inéligibilité qu'en présence d'une irrégularité relative au compte de campagne. Pour citer Bernard MALIGNER, le juge de l'élection contrôle « *la moralité de l'élection* »[68], dont le principe premier est la liberté de l'électeur, lequel est suivi des principes d'égalité entre les candidats et de loyauté de la compétition électorale. De même, le juge électoral s'attache à vérifier la sincérité des résultats du scrutin par lequel l'élu a été désigné, dont le respect est essentiel dans un régime démocratique. En somme, le juge électoral veille à la moralité et la sincérité du scrutin[69], au moyen de compétences étendues mais dans de très brefs délais.

Or les conditions dans lesquelles s'est déroulée la séquence électorale des municipales de 2020 interrogent le respect de la sincérité du scrutin, alors que l'ébranlement des principes démocratiques est, eu égard à l'importance des élections municipales, fortement dommageable.

---

66 Madeleine BABES, Benjamin HUGLO, Corinne LEPAGE, *Guide pratique des élections municipales,* 3è éd., Paris, LexisNexis, 2020, p. 250.

67 V. notamment CE, 24 septembre 2008, *Élections municipales de Martys*, n° 317786 – avec un rappel sur l'office du juge administratif en matière électorale qui indique « *qu'il n'appartient pas au juge de l'élection de sanctionner toute irrégularité ayant pu entacher le déroulement d'une campagne électorale, mais seulement d'apprécier si cette irrégularité a été de nature à affecter la sincérité du scrutin et, par suite, la validité des résultats proclamés* ».

68 Bernard MALIGNER, « Le contentieux des élections municipales de 1989 », *RFDA*, 1991, p.2 ; Bernard MALIGNER, *Droit électoral*, Paris, Ellipses, 2007, p. 862.

69 V. en ce sens Stéphane COTTIN, Guy PRUNIER, *Op. cit.*, p. 118.

III. Les difficultes juridiques soulevees par les elections municipales de 2020

Cet épisode électoral frappe par sa (triste) singularité et son caractère dérogatoire au droit électoral commun. Qu'il s'agisse des règles de campagne, des modalités de vote ou encore du contentieux, tous ont été bouleversés[70]. Des précautions et adaptations du droit électoral (bien que minimes) ont dû être prises pour favoriser l'expression citoyenne. Ces circonstances inédites ont mené à des dispositions spécifiques aménagées par la loi du 23 mars suscitée et les textes qui lui ont succédé. La plupart des mesures prises durant la crise sanitaire ont significativement restreint les droits et libertés, dont les droits civils et politiques qui n'ont pas échappé à ce mouvement.

Dans un tel contexte, inédit sur le plan électoral, la question du caractère insincère des élections se pose avec une particulière acuité. Les principaux maux identifiés sont l'*amputation* de la campagne, l'induction de l'abstention et enfin la déconnexion entre les deux tours. Chacun d'eux heurtent plus ou moins frontalement l'impératif constitutionnel de sincérité du scrutin. Dès lors que ce dernier a vocation à s'appliquer au processus électoral *lato sensu* et que les maux touchent toutes les phases du processus électoral, les principes électoraux en sortent multiplement malmenés. Effectivement, une campagne occultée, une abstention induite par le contexte délétère et les discours des pouvoirs publics ainsi qu'un calendrier électoral modifié entre deux tours, les séparant de trois mois et demi, obscurcissent cette

---

[70] Cette affirmation est à nuancer, dans la mesure où il peut également être reproché à cette séquence électorale le manque d'adaptation des modalités de campagne électorale et de vote.

manifestation libre, égale, éclairée[71] et plus amplement sincère de la volonté des électeurs.

S'agissant de la campagne électorale, elle a été réduite tant dans ses moyens, en raison des restrictions sanitaires, que dans sa visibilité, en raison de la monopolisation du débat public par la crise sanitaire. Très rapidement, la crise sanitaire engendrée par le coronavirus a monopolisé l'attention ; le décompte des contaminations, hospitalisations et décès rythmant la vie quotidienne des individus et justifiant l'adoption de mesures toujours plus liberticides en vue de protéger leur droit à la vie[72] et à la santé[73]. La campagne électorale a alors été occultée par l'importance médiatique, voire par la surmédiatisation, de ce qui n'était alors toujours pas qualifié de crise sanitaire[74]. Ce faisant, la liberté de choix de l'électeur, comme cela va être démontré ci-après, a été ébranlée avant même la tenue du scrutin. En outre, les moyens traditionnels de campagne ont connu des restrictions considérables. Par exemple, les *meetings* – qui constituent des moyens de campagne centraux – ont été fortement limités[75], voire parfois même purement et simplement interdits.

Plus directement encore, les élections municipales ont été bouleversées, et l'État de droit démocratique affecté, par l'abstention record observée : 55,34% d'abstention au niveau

---

[71] Cette dernière suppose que les électeurs effectuent leur choix en conscience et bénéficient d'une campagne sereine, permettant de les informer des enjeux électoraux (V. PREMIER CHAPITRE, SECTION I.)

[72] Art. 3 de la DUDH (de 1948).

[73] Art. 25 de la DUDH.

[74] La qualification de crise sanitaire résulte de la loi n°2020-290 du 23 mars 2020 d'urgence pour faire face à l'épidémie de Covid-19.

[75] V. par exemple, pour la campagne du second tour, l'interdiction des rassemblements de plus de dix personnes en vertu du Décret n° 2020-663 du 31 mai 2020 prescrivant les mesures générales nécessaires pour faire face à l'épidémie de covid-19 dans le cadre de l'état d'urgence sanitaire.

national pour le premier tour et 58,4% pour le second[76], et même 72,25% à Nice[77]. Ces taux représentent une hausse de 18,8% et 20,53% par rapport au scrutin municipal précédent ; alors que la hausse, certes constante, s'élève généralement aux alentours de 2%. Par rapport aux élections municipales de 1995, l'abstention a quasiment doublé. Ces taux témoignent du fait que les mesures mises en œuvre pour éviter la propagation du virus et favoriser la participation n'ont pas suffi à endiguer l'abstention. Si l'abstention est à elle seule insusceptible de remettre en cause la validité du suffrage, cette abstention découle notamment du contexte anxiogène véhiculé par les pouvoirs publics, au détriment des principes d'égalité et de liberté des électeurs. Premièrement, l'inégalité entre les électeurs est prétendue résulter d'une mise en garde particulière adressée aux personnes dites « *vulnérables* », à qui le Président de la République recommandait trois jours avant le scrutin de rester le plus possible à domicile. Deuxièmement, la liberté des électeurs de se rendre aux urnes a été malmenée par leur hésitation entre « *d'une part, faire leur devoir de citoyen en restant à leur domicile afin d'éviter la propagation de la Covid-19 ;* [et] *d'autre part, accomplir leur devoir civique en se rendant à leur bureau de vote afin d'élire leurs conseillers municipaux* »[78]. Dès lors, le contexte même dans lequel se sont déroulées ces élections n'était pas propice à la sérénité du scrutin et porte, selon de nombreux

---

[76] V. en ce sens les résultats publiés sur le site du Ministère de l'Intérieur : <https://www.interieur.gouv.fr/Actualites/L-actu-du-Ministere/Resultats-et-suivi-des-taux-de-participation-au-premier-tour-des-elections-municipales-et-communautaires-2020#:~:text=Le%20taux%20de%20participation%20d%C3%A9finitif,est%20de%2044%2C66%25.>

[77] V. en ce sens les résultats publiés sur le site du Ministère de l'Intérieur : <https://www.interieur.gouv.fr/Elections/Les-resultats/Municipales/elecresult__municipales-2020/(path)/municipales-2020/006/006088.html>

[78] Jean-Charles JOBART, « Abstention et sincérité du scrutin municipal », *AJDA*, 2020, p. 2212.

auteurs[79], plus largement atteinte au principe constitutionnel de sincérité du scrutin et à l'article 3 de la Constitution.

Bien que la crainte du virus ne constitue pas la motivation de l'ensemble des abstentionnistes, elle a contribué à l'abstention record observée lors de cette séquence électorale. Ce seul fait suffit à s'insurger[80]. Partant de ce constat, les élections municipales de 2020 s'ancrent dans la crise de la représentation, déjà omniprésente[81], et interrogent la légitimité des élus, les faisant souffrir d'un déficit démocratique important ; alors même que l'échelon local demeurait relativement préservé de la crise de la représentation et un lieu favorisé de la démocratie[82].

Pis, le premier tour a été maintenu en dépit de l'incertitude relative à la tenue du second tour. Et si le premier tour a été conclusif pour trente mille cent quarante-trois communes, soit 86% des communes, le second tour s'est tenu quatorze semaines plus tard dans les quatre mille huit cent quatre-vingt-dix-sept municipalités restantes, au détriment de l'unité du

---

79 V. en ce sens Dominique ROUSSEAU, propos recueillis par Esther ATTIAS, « Municipales : dissocier les deux tours est inconstitutionnel », *Challenges* [en ligne], 18 mars 2020 ; Joakim LE MENESTREL *et al.*, « Municipales 2020 : un scrutin infecté par le Covid-10, menace sur la démocratie », *L'opinion* [en ligne], 20 mars 2020.

80 V. en ce sens François ERNENWEIN, « Retour sur les élections municipales », *Études*, octobre 2020, p. 33.

81 Il s'agit là d'un constat partagé : V. par exemple Romain RAMBAUD, *Droit des élections et des référendums politiques*, Issy-les-Moulineaux, LGDJ (Précis Domat), 2019, p. 20.

82 V. à propos de la préservation de l'échelon local : Michel KOEBEL, Sébastien VIGNON, « Les enjeux des élections municipales », *Savoir/Agir*, Du Croquant (éd.), n°25, mars 2013, p. 10.

V. à propos de l'interdépendance entre légitimité des élus et sincérité du scrutin : Nathalie DOMPNIER, « Pour une sociologie historique de la " bonne élection ". Les rapports tumultueux entre sincérité et légitimité », *in :* Sophie DE CACQUERAY et al., *Sincérité et démocratie,* Colloque organisé le 29 janvier 2010, Aix-en-Provence, PUAM, 2011, p. 94 : « *La légitimité des gouvernants et de leurs actions tiendraient, pour partie au moins, à une procédure de désignation ou de sélection conforme aux règles de droit* ».

scrutin. Le calendrier électoral et notamment l'article L. 56 du code électoral – prévoyant que le second tour du scrutin a lieu une semaine après le premier tour – n'a pas été appliqué. Après avoir pris le risque de maintenir le premier tour dans un contexte de dégradation sanitaire exponentielle, s'est posée la question du devenir des résultats du premier tour ; dont la réponse a eu pour effet de déconnecter les deux tours, en méconnaissance de l'unité du scrutin.

Afin d'éviter que ces élections municipales ne soient trop bouleversées par la crise sanitaire, et même si le droit électoral n'est pas doté des outils juridiques lui permettant de faire face à une telle calamité, un report des élections dès le premier tour était envisageable, certes, au moyen d'acrobaties juridiques[83]. Néanmoins, ne faisant pas l'objet d'un consensus politique, cette hypothèse a été exclue et, le premier tour des élections, maintenu. Toutefois, dès le lendemain du premier tour, le Président de la République a annoncé le report du second ; alors même que l'article L. 56 du code électoral prévoit qu' « *en cas de deuxième tour de scrutin, il y est procédé le dimanche suivant le premier tour* ». Le bouleversement du calendrier électoral et la déconnexion entre les deux tours de cette même élection, concomitants au confinement généralisé de la population française, sont alors symptomatiques de la démocratie malade du Covid-19. Effectivement, une élection, même à deux tours, forme un tout indivisible. Dès lors, comme le suggère Dominique ROUSSEAU, une annulation des

[83] Parmi les acrobaties juridiques éventuelles, figurent le vote rapide d'une loi (ce qui est difficile en cas de dissensus), l'invocation de la théorie des circonstances exceptionnelles (douteuse en présence d'une base légale existante, à savoir l'art. L. 3131 CSP ; mais déjà utilisée pour justifier un report d'élections), l'art. 16 de la Constitution (dont la réunion des conditions était peu probable) ; ainsi qu'à l'échelle locale, un report là où l'épidémie sévit trop, par le maire ou par arrêté préfectoral en vertu de l'art L. 3131-1 CSP (qui aurait sûrement été rétro-validé ou n'aurait pas été abrogé immédiatement et donc, quoi qu'il en serait advenu, aurait permis à ce que le premier tour ne se tienne).

résultats du premier tour en vue d'une réorganisation complète des élections aurait été préférable[84] ; à tout le moins dans les communes où l'élection n'a pas été acquise, comme le suggère cette fois-ci Jean-Philippe DEROSIER[85].

Bien que constitutionnellement rétro-validée par les Sages du Palais-Royal, la gestion chaotique des élections municipales est source d'inquiétudes légitimes tant d'un point de vue juridique – au regard notamment de l'altération du principe de sincérité du scrutin – que politique – au regard du manque de légitimité des élus engendré. En effet, Laurent SEBAG relève que « *le maintien du premier tour des élections municipales au 15 mars 2020 dans la conjoncture sanitaire inhérente à l'épidémie de Covid-19 interroge le respect des grands principes électoraux au point d'éprouver la constitutionnalité du scrutin, tout comme la légitimité démocratique du résultat des urnes* »[86]. Il en va de même du second tour, compte tenu des similarités qu'il entretient avec le premier tour, en sus des maux qui lui sont propres.

La loi du 22 février 2021 reportant les élections départementales et régionales achève de convaincre chacun de la mauvaise gestion des élections municipales. Effectivement, cette loi s'appuie sur le fait que « *la situation sanitaire et les mesures prises pour pallier l'épidémie de Covid-19 ne permettent pas de mener une campagne électorale précédant des élections organisées au mois de mars, dans des conditions propres à garantir la bonne information des électeurs, l'égalité des armes entre les candidats et la sincérité du scrutin* »[87]. Rétrospectivement, et eu égard fondamentalement à la faible évolution de la situation

---

[84] Dominique ROUSSEAU, propos recueillis par Henry SYLVAIN, *Op. cit.*

[85] Jean-Philippe DEROSIER, propos recueillis par Franck JOHANNES, *Op. cit.*

[86] Laurent SEBAG, « La démocratie électorale à l'épreuve de la crise sanitaire (Covid-19), *AJCT*, 2020, p. 467.

[87] Communiqué de presse du Conseil des ministres du 21 décembre 2020, figurant dans le dossier législatif de la loi n°2021-191 du 22 février 2021 portant report, de mars à juin 2021, du renouvellement général des conseils départementaux, des conseils régionaux et des assemblées de Corse, de Guyane et de Martinique.

sanitaire entre mars 2020 et mars 2021, cette loi pourrait être interprétée comme un aveu de la part des pouvoirs publics d'une gestion de crise parfois mal menée ; alors même que l'enjeu est ici fondamental : le bon fonctionnement de la démocratie et la légitimité des institutions.

IV. PROBLEMATIQUE, METHODE DE RESOLUTION ET PLAN

Tout l'enjeu de ce mémoire est de s'interroger, au-delà des querelles doctrinales, sur la validité et la subsistance des griefs fondés sur l'atteinte à la sincérité du scrutin et à l'unité des élections invoqués à l'encontre des élections municipales de 2020, à l'aune des normes en vigueur. En d'autres termes, ce mémoire s'attache à étudier dans quelle mesure les grands maux de ces élections ont affecté les principes électoraux ; ainsi qu'à interroger la façon dont ces maux – et les atteintes qui en découlent – ont prospéré à l'épreuve du prétoire. Ce faisant, la présente recherche soulignera la dissonance entre les principes électoraux – tels que consacrés par les normes – et l'application qu'en a fait le juge, au motif des circonstances environnantes.

Afin de répondre à la problématique, le rejet tendanciel des griefs fondés sur les maux sus-évoqués sera confronté à la portée conceptuelle des principes électoraux.

L'altération des principes électoraux sera appréciée au moyen d'une étude croisant des principes et normes juridiques, de la jurisprudence, divers rapports ainsi que de la doctrine universitaire. Si le raisonnement adopté est d'abord centré sur l'analyse du droit positif et des décisions juridictionnelles, l'examen systématique et approfondi de la doctrine universitaire abordant les griefs d'insincérité soulevés à l'encontre des élections municipales de 2020 est essentiel : diversifier les sources mobilisées renforce la finesse de l'analyse et permet d'appréhender la façon dont théoriciens comme praticiens conçoivent les griefs soulevés à l'encontre de la séquence électorale.

Ce travail s'inscrit dans une démarche positiviste, et plus précisément normativiste[88], dès lors que celui-ci puise le droit considéré comme *valable* dans le droit positif. La doctrine normativiste conçoit que la norme s'impose au juge, ne serait-ce puisque celui-ci émane de la norme elle-même[89]. Le juge lui confère la force qu'elle requiert pour s'imposer, au moyen de sanctions de diverses natures ; et il ne peut la préciser que dans les limites de la marge d'interprétation qu'elle permet. S'il est supposé strictement respecter cette marge, il lui arrive de la dépasser parfois, à l'instar des juges administratifs et constitutionnels qui ont eu à connaître des élections municipales de 2020.

Cela sera démontré ci-après que les juges n'ont pas strictement conformé leurs décisions à la norme électorale ; laquelle précise, entre autres, ce qu'est une élection sincère. Seule la rigueur relative à la conception de l'objet d'étude de

---

[88] Le fondateur du normativisme, doctrine du positivisme, ne serait autre que le célèbre viennois Hans KELSEN, depuis la *Théorie pure du droit* (trad. de la 2è éd., Charles EISENMANN), Paris, Dalloz, 1962 ; rééd. LGDJ - Bruylant, 1999 , pour paraphraser Alexandre VIALA, « Le positivisme juridique : Kelsen et l'héritage kantien », *Revue interdisciplinaire d'études juridiques,* février 2011, p. 95.

[89] V. pour approfondir sur le normativisme : Otto PFERSMANN, « Hiérarchie des normes », *in :* Denis ALLAND, Stéphane RIALS (dir.), *Dictionnaire de la culture juridique*, Paris, PUF (Lamy, coll. « Quadrige. Dicos Poche »), 2003, pp. 779-783 ; Otto PFERSMANN, « La production des normes : production normative et hiérarchie des normes », *in :* Michel TROPER, Dominique CHAGNOLLAUD (dir.), *Traité international de droit constitutionnel*, t. 2, Paris, Dalloz, 2012, pp. 499-502 ; Otto PFERSMANN, « Le normativisme », *Question sur la question* [en ligne], n° 6, 2017.

V. pour approfondir sur la manière d'appréhender l'office du juge d'un point de vue normativiste : Otto PFERSMANN, « A quoi bon un " pouvoir judiciaire " ? », *in :* Olivier CAYLA et Marie-France RENOUX-ZAGAME (dir.), *L'office du juge : part de souveraineté ou puissance nulle ?*, Bruxelles, Paris, Bruylant / LGDJ (La pensée juridique), 2002, pp. 181-193.

la science juridique telle qu'issue de la conception normativiste (soit la norme), permet une telle démonstration. Tout l'intérêt de souscrire au normativisme réside en effet dans le large champ des démonstrations qu'il permet, notamment par le biais de la comparaison entre la marge d'appréciation de la norme dont le juge dispose et sa décision qui s'en affranchit parfois. Une telle démarche permet de mettre en exergue l'insincérité avérée des élections, puisqu'à défaut d'avoir été retenue par le juge, la confrontation des maux et des normes révèlera la dissonance entre eux et donc, l'insincérité des élections à l'aune des normes en vigueur, non assidument appliquées. Cet ouvrage ne se bornera pas à décrire la mise en cause des principes démocratiques, ni même à recenser ce qui en a été jugé ; mais il analysera ce à quoi le droit aurait pu mener, en quoi le droit est violé malgré la validation par le juge, pour enfin réfléchir aux conséquences à en tirer. Le recours au normativisme permet ainsi d'étudier l'issue qu'auraient eu les décisions étudiées si le juge avait réellement fondé ses décisions sur les normes, en particulier à l'occasion de la QPC n° 2020-849. Il permet également de révéler que les maux ont prospéré à l'épreuve du prétoire pour des raisons extra-juridiques, puisque le juge n'a pas strictement conféré à la norme la portée qu'elle revêt pourtant, pour des raisons environnantes, au détriment des principes démocratiques.

Dans la mesure où tous les niveaux de normes irriguent le droit électoral en ses principes, tous seront mobilisés. En effet, la Constitution de la Vème République, à la manière de la plupart de ses devancières, prévoit un certain nombre d'impératifs en matière électorale, eux-mêmes complétés par la jurisprudence constitutionnelle. Elle porte la trace de la continuité entre le texte fondateur de la citoyenneté, la Déclaration des droits de l'homme et du citoyen de 1789 (ci-après DDHC) et les enrichissements apportés à cette institution juridique – bien qu'éminemment politique[90] –. Sur ces bases constitutionnelles, les domaines législatif et – dans une moindre mesure – règlementaire élaborent les détails du jeu électoral, auxquels la jurisprudence électorale apporte à son tour des précisions[91]. Le spectre de normes mobilisées est aussi large que l'étendue réglementée, puisque tout le processus électoral l'est, de son ouverture à la proclamation définitive des résultats. Conséquemment, l'analyse croisera ces diverses sources du droit.

L'analyse contentieuse paraît évidemment incontournable, eu égard à la place occupée par le contentieux dans l'étude de griefs. Le contentieux des élections municipales se cantonnant au contentieux administratif, les jurisprudences principalement sollicitées seront administratives. Toutefois, comme l'ont démontré les propos introductifs ci-dessus exposés, la jurisprudence constitutionnelle est indispensable à mobiliser. C'est elle qui a consacré et étayé de nombreux principes électoraux et qui a à connaître de la constitutionnalité de dispositions en la matière. La QPC n° 2020-849 aura d'ailleurs toute son importance au sein de cette étude, puisqu'elle porte sur la loi du 23 mars 2020 suscitée.

L'analyse contentieuse sera permise grâce à un accès à la base de données Ariane. Cette dernière comporte toutes les décisions des juridictions administratives, dont celles du premier degré qui intéressent directement le présent sujet de recherche et qui sont – sans un tel accès – difficiles à obtenir sans connaissance des références exactes des décisions.

Sans prétendre ni à l'exhaustivité, ni à dresser des statistiques précises, l'analyse contentieuse effectuée exposera des tendances qui caractérisent le contentieux de cette séquence électorale, appuyées sur des exemples de décisions. Les décisions les plus pertinentes à étudier le seront plus

---

90 Michel MIAILLE, *Op. cit.*, souligne à ce propos que la citoyenneté est, depuis Athène, « *le mode d'accession à la décision politique* ».

91 Hervé CAUCHOIS, Jean-Charles SAVIGNAC, *Op. cit.*, p. 14.

profondément. Dans une démarche critique, l'analyse contentieuse étudiera non seulement ce qu'a énoncé le juge, pour en tirer l'état de l'application du droit ; mais elle recherchera également, à la lumière des normes en vigueur et des circonstances qui entourent les décisions, ce qu'aurait pu dire le juge et, inversement, tel que le permet le recours au normativisme.

A cet égard, les recherches qui vont être présentées démontreront que les griefs fondés sur la réduction de la campagne électorale et l'induction de l'abstention ont été rejetés de façon quasi-systématique, et la déconnexion entre les deux tours, admise de façon tout à fait exceptionnelle ; soulignant ainsi l'incroyable souplesse des juges face au bouleversement des principes électoraux. Les répercussions de la façon dont les griefs ont été appréhendés par les juridictions seront également évoquées, tout particulièrement la régression de la portée jurisprudentielle des principes démocratiques.

Il s'agira donc, à l'aune des principes du droit électoral tels que définis par le droit en vigueur, d'analyser les troubles causés aux élections et le traitement qui leur a été réservé par les juridictions. La démarche ainsi que la problématique retenues conduisent naturellement à dissocier les maux sus-évoqués pour l'analyse. En tant que potentiels facteurs d'insincérité du scrutin, l'*amputation* de la campagne et l'abstention induite feront ainsi l'objet d'une première analyse (PREMIERE PARTIE) ; la déconnexion temporelle entre les deux tours étant alors réservée pour un second temps (SECONDE PARTIE). L'étude mettra en exergue non pas les conséquences démocratiques de la gestion des élections, mais bien l'avilissement des principes juridiques, spécifiquement du principe constitutionnel de sincérité du scrutin et ses composantes ; tout en menant les réflexions qui lui sont annexes. Ce faisant, une sorte de bilan de cette période sans précédent du point de vue du droit électoral sera établi, et plus encore.

PREMIERE PARTIE

L'ATTEINTE A LA SINCERITE DU SCRUTIN DU FAIT DE L'*AMPUTATION* DE LA CAMPAGNE ELECTORALE ET DE L'ABSTENTION INDUITE

Parmi les raisons pour lesquelles les élections municipales de 2020 ont été juridiquement controversées, figurent l'*amputation* de la campagne électorale, dans sa visibilité et ses moyens, ainsi que l'induction d'une très forte abstention. En effet, au regard de la portée des principes électoraux constitutionnellement consacrés, notamment des principes de liberté et d'égalité devant le suffrage, il est notable que ceux-ci sont à tout le moins mis à mal par les maux susvisés.

Pour autant, si l'*amputation* de la campagne électorale et l'induction de l'abstention ont nui aux composantes de la sincérité du scrutin, plus spécifiquement à la liberté et l'égalité devant le suffrage (CHAPITRE I), les moyens fondés sur ces maux propres à cette séquence électorale, bouleversée par le Covid-19, ont pour la quasi-unanimité été rejetés ; et le moyen fondé sur l'abstention tout particulièrement, n'a pas été rendu opérant pour autant (CHAPITRE II), en dépit des bouleversements électoraux engendrés. Dès lors que les griefs fondés sur ces maux ont quasi-unanimement été rejetés, les atteintes qui en découlent ont subsisté à l'épreuve du prétoire ; alors même que la moralité et la sincérité des élections sont censées être au cœur des préoccupations du juge des élections.

Comme cela sera démontré ci-après, le grief fondé sur l'abstention a fait l'objet d'une timide évolution initiée par le Conseil constitutionnel, laquelle n'a pas été saisie à sa juste mesure par les juges administratifs ; tandis que les griefs fondés sur les autres maux ayant frappé ces élections ont simplement été, pour la plupart, rejetés. De ce fait, le second chapitre sera exclusivement consacré au grief de l'abstention, compte tenu de la pertinence et de l'intérêt que son étude revêt.

CHAPITRE I

L'ALTERATION DE LA LIBERTE ET DE L'EGALITE DEVANT LE SUFFRAGE

Dès lors que les griefs soulevés contre la séquence électorale, en ce qu'elle serait insincère, portent notamment sur une atteinte à l'égalité devant le suffrage et à la liberté de l'électeur, un bref aperçu de ces notions doit être dressé.

Le principe d'égalité[92] est polymorphe en ce qu'il tend à s'appliquer pour les candidats, dans sa déclinaison d'égalité des conditions de la compétition[93], comme pour les électeurs[94], dans sa déclinaison d'égalité de décompte et de représentation[95], ainsi que d'égalité devant les conditions de vote. Ce principe implique que tous les électeurs reçoivent les mêmes informations à propos du vote[96]. Il ne se limite donc pas au principe individualiste « *un homme, une voix* ».

Quant à la liberté de suffrage, elle a été érigée au rang des exigences constitutionnelles. Toute violation de cette liberté serait contraire au principe démocratique affirmé à l'article 1er de la Constitution, ainsi qu'à son article 3 qui, en proclamant que *« le suffrage est universel, égal et secret »*, repose implicitement

---

92 CC, n° 2019-811 QPC, 25 octobre 2019, *Mme Fairouz H. et autres [Seuil de représentativité applicable aux élections européennes]*, §6 – confirme son rattachement à l'article 3 de la Constitution.

93 CC, n°2016-729 DC, 21 avril 2016, *Loi organique de modernisation des règles applicables à l'élection présidentielle*, §14.

94 CC, n°78-101 DC, 17 janvier 1979, *Loi portant modification des dispositions du titre 1er du livre V du code du travail relatives aux conseils de prud'hommes*, cons. 5 – consacre sa valeur constitutionnelle du principe d'égalité du suffrage ; CC, n°87-227 DC, 7 juillet 1987, *Loi modifiant l'organisation administrative et le régime électoral de la ville de Marseille* – l'applique aux élections municipales.

95 CC, n° 85-196 DC, 8 août 1985, *Loi sur l'évolution de la Nouvelle-Calédonie*, §16.

96 CC, n°2013-673 DC, précitée.

sur la liberté de suffrage. Cette liberté vise le comportement électoral des électeurs dans son ensemble : si elle est principalement défendue en tant que liberté de ne pas voter, ainsi qu'en tant que liberté de voter pour le candidat du choix de l'électeur[97], elle encadre également les conditions de vote, en ce qu'elle implique aussi la liberté de voter sereinement, c'est-à-dire exempt de toute pression[98]. En outre, le corolaire du vote libre est le vote en conscience, et donc, en connaissance des informations et enjeux électoraux, permettant à l'électeur de faire un choix « *éclairé* »[99]. Voter librement, c'est donc voter à l'issue d'un débat démocratique *suffisant* tant qualitativement que quantitativement, ainsi qu'en l'absence de pression de quelque origine que ce soit, en particulier de l'autorité publique. L'exemption de toute pression semble naturellement s'étendre au contexte sanitaire, lui-même relayé par les discours alarmistes d'acteurs étatiques. Dans ces conditions, la liberté de l'électeur suppose alors des garanties de sécurité sanitaire à la hauteur des règles démocratiques.

Qu'il s'agisse du premier ou second tour, de la phase de campagne électorale ou des opérations de vote, les composantes de la sincérité du scrutin ont été altérées par l'*amputation* de la campagne électorale et l'induction de l'abstention. Il en va ainsi, premièrement, de l'égalité devant

---

97 CC, n° 2014-689, 13 février 2014, *Loi organique interdisant le cumul de fonctions exécutives locales avec le mandat de député ou de sénateur.*

98 Romain RAMBAUD, *Droit des élections et des référendums politiques*, *Op. cit.*, p. 111 ; Yves GAUDEMET, *Les élections locales*, *Op. cit.*, p. 249 – qui énoncent clairement que liberté de l'électeur consiste à « *choisir sans être soumis à des pressions ou contraintes morales et physiques* ».

99 Jean-Philippe DEROSIER (dir.), *La désignation des gouvernants : Les Cahiers du ForInCIP n°2*, *Op. cit.*, p. XIII.

le suffrage (SECTION I), et, deuxièmement, de la liberté de l'électeur (SECTION II).

SECTION I. L'EGALITE DEVANT LE SUFFRAGE MISE EN CAUSE

Le respect de l'égalité devant le suffrage interroge dans ses deux déclinaisons, au regard du déroulement de la campagne électorale et du scrutin : l'égalité entre les candidats d'une part (I), l'égalité entre les électeurs d'autre part (II).

I. L'égalité entre les candidats affaiblie

Au premier tour, l'égalité entre les candidats fut pointée du doigt car l'épidémie se serait révélée particulièrement préjudiciable à certains candidats. Plusieurs candidats et colistiers ont été confinés, voire malades, et n'ont pu, de ce fait, mener à bien leur fin de campagne. Ce fut le cas dans l'Oise, notamment dans les premières communes *cluster*, ou encore à La Balme de Sillingy. Saillant est également l'exemple d'Édouard PHILIPPE, qui n'a pu honorer la réunion prévue pour dévoiler son programme, du fait qu'il soit au Conseil des ministres consacré au coronavirus.

L'égalité entre les candidats fut dénoncée comme rompue au second tour surtout, car les maires sortants auraient été surexposés du fait de leur gestion de la crise, pendant la période prolongée d'entre-deux-tours et de campagne électorale. De plus, les conditions de campagne n'auraient pas permis de rééquilibrer l'exposition des autres candidats avec la surexposition des maires sortants. Effectivement, les candidats à leur réélection ont non seulement été très présents auprès de leurs concitoyens pendant la crise et ils ont naturellement été tentés de valoriser leurs actions[100]. Cela n'a pas manqué d'être relevé, et il fut fréquent de lire que « *les candidats sortants ne se gênent plus pour étaler la litanie des mesures prises pour lutter contre la crise* »[101]. Cette surexposition fut accentuée par le fait que le débat public fut monopolisé par les enjeux sanitaires. De ce fait, il paraît normal qu'ils aient été plus visibles, et naturel que *« leurs challengers [aient] parfois [eu] plus de mal à se faire entendre* »[102]. De surcroît, étant donné que cette campagne fut, en ses moyens, réduite « *au strict minimum* »[103], il fut immanquablement difficile de rééquilibrer le supplément d'exposition dont ont bénéficié les maires sortants. S'agissant des élections départementales et régionales de 2021, le constat fut similaire. La quasi-absence de campagne électorale a très probablement participé à la victoire des sortants, faute que les *challengers* aient pu présenter leur programme dans le cadre d'une campagne visible et suffisante[104].

Pour revenir aux élections municipales, le Conseil constitutionnel a pourtant admis que les mesures prises en vue de pallier les restrictions sanitaires affectant la campagne

---

100 Les maires sortants ont été très impliqués dans la distribution de masques, la gestion de certains établissements, l'aménagement de la chaussée, *etc.* Il est un fait qu'ils aient été en première ligne face à la population. De plus, les équipes sortantes ont, dans de très nombreuses communes, mis en place des réseaux de bénévoles, pour de la distribution alimentaire, de livres, de masques, *etc*, lesquels s'appuyaient sur les services publics. Il y a eu un foisonnement d'initiatives en provenance des services municipaux, des listes en lice et de la population, créant une confusion.

101 Nathalie PERRIER, « Municipales : le Covid-19 phagocyte la campagne », *La gazette des communes* [en ligne], 16 juin 2020.

102 *Ibidem.*

103 Mehdi YAZI-ROMAN, « Les élections municipales au risque de l'épidémie de covid-19, Bilan et perspectives (de contentieux ?) », *AJCT,* 2020, p. 358.

104 Romain RAMBAUD, « Élections départementales et régionales : des élections invisibilisées pour un quasi-statu quo pré-présidentielle », *Le blog du droit électoral* [en ligne], 28 juin 2021.

électorale, fussent-elles modestes, avaient concouru à garantir l'égalité entre les candidats[105]. Cela n'a pas empêcher les critiques de fuser, lesquelles jugeaient – légitimement – les adaptations trop timides[106]. Or, l'égalité entre les candidats doit être garantie en tout temps. Les faits ci-dessus établis sont problématiques à bien des égards, notamment à l'égard du principe d'égalité entre les candidats, sous le prisme du pluralisme et de la stabilité du droit électoral.

Premièrement, le pluralisme des partis et des courants d'idées et d'opinions, qui résulte de l'article 4 de la Constitution, est « *un fondement de la démocratie* »[107]. Ce même article prévoit la représentation équitable des partis. Dès lors qu'aujourd'hui la démocratie repose sur les partis politiques et que le pluralisme lui est consubstantiel, la favorisation de certains candidats pose évidemment problème. Comme le rappelle Philippe FOILLARD, l'élection consiste en un choix entre plusieurs candidats, issus de divers partis politiques ; à l'occasion duquel une opposition « *œuvre pour devenir la future majorité* »[108]. L'existence de la démocratie en dépend, puisqu'il n'y a pas de démocratie « *si les conditions d'une future alternance ne sont pas réunies* »[109]. Dès lors, l'opposition doit disposer d'un temps de parole et d'une visibilité sensiblement équivalents à ceux dont dispose la majorité en place.

Deuxièmement, le principe législatif de stabilité du droit électoral[110] a toute sa place dans un raisonnement portant sur

---

105 CC, n° 2020-849 QPC, précitée.

106 Comme développé davantage ci-après, ces mesures consistent notamment à doubler les panneaux d'affichage, mettre en ligne les professions de foi pour les communes de plus de 2500 habitants *etc.*

107 CC, n° 2004-490 DC, 12 février 2004, *Loi organique portant statut d'autonomie de la Polynésie française*, cons. 84.

108 Philippe FOILLARD, *Op. cit.*, p. 48.

109 *Ibidem.*

110 Ce principe à valeur législative qui figure à l'article L. 567-1 A du code électoral implique que les règles d'une élection ne soient pas changées durant l'année qui précède le scrutin. Des considérations exceptionnelles pourraient toutefois permettre d'y déroger.

l'égalité entre les candidats. Comme le rappelle Jean-Pierre CAMBY, les règles doivent être connues préalablement par les candidats et ne pas changer au cours de la période électorale, pour ne pas méconnaître les finalités démocratiques et spécifiquement l'égalité entre les candidats : « *il en va de la sincérité de la compétition : le respect de l'égalité qui préside aux candidatures et à la propagande postule que les règles demeurent inchangées pendant une campagne* »[111].

Troisièmement, la campagne électorale, en tant que « *découpage temporel de plusieurs semaines pendant lesquelles le débat politique sera largement pratique et de manière intensive* »[112] et à l'occasion duquel « *les candidats font connaître leur projet ou leur programme aux électeurs de la circonscription où ils se présentent* »[113], est une phase de la procédure de désignation des futurs décideurs éminemment importante. Elle est « *donc au cœur du fonctionnement politique, là où se déchaînent les passions et que peuvent se loger toutes les occasions de tromperie ou désinformation, aboutissant à fausser le jeu démocratique* »[114]. En ce sens, le respect de l'égalité entre les candidats y est primordial. Le caractère démocratique du débat en dépend, raison pour laquelle le principe d'égalité des moyens de propagande est constamment réaffirmé par le Conseil constitutionnel[115]. Il est d'autant plus important de veiller au respect de l'égalité entre les candidats à l'échelle municipale, car l'échelon administratif où s'organisent les élections est également l'échelon auquel se joue l'enjeu du scrutin. En effet, ce sont les communes qui organisent le scrutin pour le compte de l'État. Très fréquemment, les équipes en place sont parties prenantes au scrutin. A titre

---

111 Jean-Pierre CAMBY, « Contentieux électoral : les élections municipales à la lueur des élections européennes », *AJDA*, 2021, p. 383.

112 Michel MIAILLE, *Op. cit.*, pp. 29-30.

113 Michel MIAILLE, *Op. cit.*, pp. 29-30.

114 *Idem*, p. 33.

115 V. par exemple CC, n° 67-488 AN, 25 mai 1967, *A. N. (2ème circ.)*, cons. 3 ; CC, n° 88-1030 AN, 28 juin 1988, *A. N. Oise (2ème circ.)*, cons. 2 ; CC, n° 97-2205 AN, 25 novembre 1997, *A. N. Leur-et-Loir (1ère circ.)*, cons. 1 à 4.

surabondant, ce contexte particulier est encore renforcé par le fait que le corps électoral se trouve entièrement au sein de la commune. Pour l'anecdote, Jean Yves MARTINET a témoigné, à l'occasion d'une table ronde portant sur les élections municipales, du fait que les parties prenantes au scrutin ont à l'esprit que chaque détail peut compter lors de son organisation[116].

L'égalité entre les candidats consiste tant en une égalité dans l'accès aux différents moyens de communication, qu'en une égalité temporelle de diffusion des communications. Les moyens de propagande, traditionnels comme modernes, sont de redoutables instruments et ils doivent être accessibles équitablement à tous les candidats. En raison de leur importance, la règlementation de la campagne électorale relative à leur accès intervient étroitement pour assurer la meilleure égalité possible entre les candidats[117]. Les articles L. 240 à L. 246 du code électoral règlementent la propagande à l'échelle locale. La jurisprudence apporte grand nombre de précisions à cette règlementation codifiée et elle est foisonnante, dans la mesure où il s'agit d'une matière en perpétuelle évolution, notamment au travers du développement de moyens de communication. Parmi les nombreuses règles à suivre en amont de l'élection, figurent des règles particulières de communication des équipes

---

116 Jean Yves MARTINET, Table ronde numérique organisée par l'Association Dauphinoise du Droit Public, 6 avril 2021, « Les élections municipales 2020 : regards croisés sur les aspects juridiques », non publié.

117 V. en ce sens Philippe FOILLARD, *Op. cit.*, p. 55 ; Richard GHEVONTHIAN, « Propos introductifs : La sincérité : une notion " impressionniste " », *in :* Sophie DE CACQUERAY et al. (dir.), *Op. cit*, p. 9 – précise que le principe d'égalité, dans l'aspect qui concerne les conditions de la compétition électorale, implique que « *tous les candidats et courants politiques soient placés dans les mêmes conditions dans la campagne électorale qui devra les traiter de manière égalitaire ou au minimum de manière équilibrée* ».

sortantes[118]. Ce sont autant de règles qui restreignent considérablement l'exposition des maires sortants dans la gestion de crise, ou plus exactement la possibilité pour eux d'en faire de la propagande. Néanmoins, si les règles relatives au bilan de l'équipe sortante restent applicables en période de crise, elles ne sont pas toujours parfaitement transposables à ce contexte qui superpose une période de crise à une période pré-électorale.

Le juge administratif a eu l'occasion de préciser les limites applicables en matière de communication relative à la gestion de crise et d'annuler des élections sur ce fondement (et non sur le strict fondement de l'égalité entre les candidats). Par un jugement du 2 mars 2021, le tribunal administratif de Lyon a jugé qu'une collectivité ne peut communiquer en période électorale sur les actions entreprises contre l'épidémie qu'à la condition de ne pas en faire une campagne de promotion publicitaire, laquelle peut se déduire d'une « *présentation flatteuse* » et peut être reconnue comme telle même en l'absence de référence explicite aux élections[119]. Au contraire, pour la Commune d'Eybens, il a été jugé que toute la promotion faite des diverses actions entreprises par la municipalité pendant le Covid-19 ne consistait qu'en une simple présentation et n'avait eu aucune incidence[120].

Avant cela, le tribunal administratif de Grenoble a précisé des limites à l'action politique en période électorale et en pleine crise sanitaire, à l'occasion d'une protestation à l'encontre des élections du Crest[121]. La protestation se fondait sur le fait que le maire sortant Hervé MARITON soit intervenu

118 A titre d'illustration, l'article L. 52-1 al. 2 du code électoral prévoit qu' « *à compter du premier jour du sixième mois précédant le mois au cours duquel il doit être procédé à des élections générales, aucune campagne de promotion publicitaire des réalisations ou de la gestion d'une collectivité ne peut être organisée sur le territoire des collectivités intéressées par le scrutin* ».

119 TA Lyon, 2 mars 2021, *Élections de Chassieu*, n° 2004285 – 2004583, §19.

120 TA Grenoble, 22 janvier 2021, *Élections d'Eybens*, n° 2003560, §11.

121 TA Grenoble, 16 octobre 2020, *Élections de Crest*, n° 2003565, §9.

frénétiquement sur *Youtube* pour informer la population et que l'équipe sortante ait entrepris des actions telles que l'organisation d'une *tombola* en soutient des commerçants, ou encore l'organisation d'un *ciné-drive* dans le but de promouvoir la culture. Sur conclusions contraires, le tribunal a annulé les élections. A cette occasion, il a fait un véritable effort de conceptualisation des frontières entre communication et opération de campagne. Il ne reproche pas la communication mais son excessivité, laquelle résulte des caractères répétitif et inhabituel, ainsi que de la publicité qui en a été faite[122]. Le Conseil d'État a cassé le jugement et, même s'il a retenu l'irrégularité afférente au *ciné-drive*, il a jugé qu'elle n'avait pas déplacé les cent trente-sept voix d'écart (soit 3,2% des suffrages exprimés). Le fait est que le nombre de votants a sensiblement augmenté entre les deux tours, mais le Conseil d'État ne peut apprécier si cela est dû ou non aux communications, sans entrer dans la reconstitution de votes. Le contentieux doit dessiner la délicate articulation entre communication en période de crise et son exploitation à des fins électorales, dans une situation qui exige de l'innovation en matière d'action locale ; alors même qu'il ne doit pas y avoir de nouvelles actions entreprises en direction de la population en période pré-électorale, au risque de fausser les résultats. Le problème se reposera très probablement lors des élections départementales et régionales, puisqu'il n'y a pas eu d'appel à la vigilance particulier vis-à-vis des sortants, et que la communication institutionnelle suit son cours.

L'affaire *La Balme de Sillingy*[123] est éclairante sur le contentieux de l'égalité entre les candidats, même si elle n'est

---

122 Cette position fait écho à un critère utilisé par la CNCCFP pour qualifier une dépense électorale : la mise en avant de la personnalité du candidat. En l'espèce, la communication ne mettait pas seulement en avant l'action politique de la collectivité, mais également la personnalité de son maire.

123 TA Grenoble, 15 septembre 2020, *Élections de La Balme-de-Sillingy*, n° 2001840 ; CE, 22 mars 2021, *Élections de La Balme-de-Sillingy*, n° 445083.

pas connue pour cet aspect. Dans les faits, le maire sortant François DAVIET et vingt-six sur trente et un de ses colistiers ont été malades ou confinés dans les semaines précédant le scrutin, et ce, jusqu'à la veille[124]. Il résulte de cette impossibilité de faire campagne une inégalité entre les candidats, d'autant plus flagrante que l'ancienne première adjointe Séverine MUGNIER s'est déclarée candidate extrêmement tardivement, au moment de la déclaration de candidature[125] ; alors que la grande majorité de la liste du maire sortant était déjà confinée. C'est un détail qui importe car l'idée est de faire campagne réciproquement, l'élection étant une compétition. Pour rappel des autres faits, il s'agit d'un des premiers *clusters*, dans lequel il y eut une obscure histoire de fermeture de gendarmerie ayant conduit à l'annulation des élections par le tribunal administratif de Grenoble.

Il paraît *a posteriori* regrettable le fait que le tribunal ait annulé en procédant par l'économie de moyens et qu'il n'ait développé que l'impossibilité d'établir des procurations ; alors qu'il aurait eu matière à développer sur l'inégalité entre les candidats. En effet, de nouveaux éléments relatifs à la fermeture de la gendarmerie ont été apportés devant le Conseil d'État et ont joué dans la solution qui invalide le jugement du tribunal. Peut-être le tribunal avait-il cherché à s'arrêter sur le fait le plus objectif. Néanmoins, l'écart de voix étant relativement conséquent, et l'argument de l'impossibilité d'établir des procurations étant vaseux et ne couvrant en tout état de cause pas l'écart de voix, le Conseil d'État a validé les élections. Il a en outre ajouté qu' « *au surplus* », le maire sortant avait pu faire campagne, ce dont témoigneraient des

---

124 A titre d'exemple, le maire sortant est sorti de l'hôpital le 7 mars et il a été confiné jusqu'au 14 mars, soit la veille du scrutin.

125 La presse locale peut en attester : V. par exemple, la veille de la date de déclaration de candidatures : Maxime PETIT, « La Balme-de-Sillingy : le coup de poker de Séverine MUGNIER aux Municipales », *L'Essor Savoyard* [en ligne], 25 février 2020.

publications *Facebook*[126]. Ce faisant, il classe le confinement des colistiers dans la catégorie des événements fortuits de la vie courante, lesquels s'opposent aux manœuvres politiques qui, lorsqu'elles empêchent de mener campagne, justifient une annulation. Le rapporteur public du Conseil d'État balaye ces faits en une unique phrase dans ses conclusions et l'arrêt n'y fait guère davantage référence. Or, si le tribunal avait développé l'inégalité entre les candidats, fondée sur la déclaration tardive de candidature survenue dans un contexte dans lequel la majorité de la liste, si ce n'est les deux tiers, ont été dans l'impossibilité de mener campagne, l'issue aurait certainement été différente ; d'autant que le Conseil d'État a tout de même relevé qu'il s'agissait d'un dossier quelque peu différent.

A la lecture des conclusions, la volonté de ne pas faire précédent interpelle. Pourtant, le cas est assez exceptionnel pour rester une solution isolée. L'analogie avec une situation relativement banale, tel un candidat qui se casserait la jambe, n'est pas de mise, puisqu'en l'espèce un grand nombre de colistiers étaient en incapacité de faire campagne, deux semaines avant les élections. Au demeurant, ce grief paraît plus solide que celui tiré des procurations, ne serait-ce qu'en raison de l'écart de voix que ne couvre pas l'impossibilité d'établir des procurations ; quoique, dans un *cluster*, beaucoup de personnes ont pu vouloir recourir à une procuration. Ceci étant, comme nous le verrons ci-après, s'il y a bien une hypothèse pouvant remplir les conditions posées par l'arrêt *Saint-Sulpice-sur-Risle*[127], c'est celle de *La Balme de Sillingy*. Au regard des conclusions du rapporteur public du Conseil d'État, la position adoptée semble excessivement sévère, de même qu'au regard de la déclaration de candidature surprise dans un contexte de confinement des adversaires.

---

126 CE, *Élections de La Balme-de-Sillingy*, précité, §12.

127 CE, 15 juillet 2020, *Élections municipales et communautaires de Saint-Sulpice-sur-Risle*, n° 440055.

Il en va de la loyauté de la compétition électorale et par extension, de l'élection, ainsi que de sa sincérité. Pour autant, le juge des élections municipales n'a pas annulé d'élections sur le strict fondement de l'égalité entre les candidats, laquelle aurait été méconnue par les faits ci-dessus exposés[128]. Pour cause, le déséquilibre est difficilement appréciable et quantifiable. Aucun élément assez concret et probant n'a pu être porté à la connaissance du juge. Il n'est en outre pas possible de se fier aux résultats des urnes pour apprécier la rupture d'égalité dénoncée. La dimension locale favorisant les implantations, la règle est souvent la reconduction des maires sortants, et la bascule, l'exception[129]. Néanmoins, comme en témoigne le jugement du 2 mars précité, l'absence d'annulation sur le fondement de l'égalité entre les candidats n'a pas empêché au juge de poser des limites à la valorisation des actions effectuées dans le cadre de la gestion de crise, puis d'annuler sur ce strict fondement.

II. L'égalité entre les électeurs malmenée

L'égalité entre les électeurs, laquelle est déjà – dans une moindre mesure – discutée à l'aune de la théorie du « *cens caché* »[130], est virulemment interrogée par la mise en garde particulière adressée aux personnes *vulnérables*, dont font partie les personnes âgées. En effet, si le découragement d'aller voter a *a priori* touché tout le monde indistinctement, les personnes âgées – les plus à risque et les plus présentes

---

128 V. par exemple TA Nîmes, 13 août 2020, *Élections de Sainte-Cécile-les-Vignes,* n° 2001112 – jugeant notamment que la contrainte sanitaire s'est imposée à tous.

129 François ERNENWEIN, *Op. cit.*, p. 31.

130 David GAXIE, *Le cens caché*, Paris, Le Seuil, 1978, 296 p.

dans l'électorat municipal[131] – ont été les plus touchées et se sont moins déplacées aux urnes à l'occasion des municipales de 2020.

De surcroît, l'établissement d'une procuration pour le premier tour n'était possible que jusqu'au vendredi soir[132], et ne l'était donc plus lors des prises de parole et annonces anxiogènes du samedi soir précédant le premier tour ; ce qui n'a pas été sans incidence sur la participation, des plus fragiles notamment. Au contraire, pour le second tour, le régime des procurations a été sensiblement allégé[133].

Il en résulte que les principes corolaires[134] d'universalité du suffrage[135] et d'égalité du suffrage ont été dénoncés comme ayant été méconnus à l'occasion de la séquence électorale des

---

[131] Il ressort des chiffres que les plus de soixante ans sont très présents dans ce type d'élections : 75% ont voté en 2014, contre 43% en 2020 – soit une chute de plus de 30%, bien supérieure à la moyenne nationale de la baisse. Il en résulte que les personnes les plus dissuadées d'aller voter sont celles qui participent généralement le plus aux scrutins de cette nature.

[132] Circulaire ministérielle INTA2006575J du 9 mars 2020 relatives aux modalités d'exercice du droit de vote par procuration.

[133] Décret n° 2020-643 du 27 mai 2020 relatif au report du second tour du renouvellement général des conseillers municipaux et communautaires, des conseillers de Paris et des conseillers métropolitains de Lyon de 2020 et à l'adaptation du décret du 9 juillet 1990 à l'état d'urgence sanitaire – sur la validité des procurations établies pour le 22 mars ; Art. 1er de la loi n° 2020-760 du 22 juin 2020 tendant à sécuriser l'organisation du second tour des élections municipales et communautaires de juin 2020 et à reporter les élections consulaires – sur la possibilité de disposer de deux procurations et sur la facilitation de leur établissement.

[134] V. en ce sens Jean-Louis HERIN, « Les exclus du droit de vote », *Pouvoirs* [En ligne], n°120 : *Voter*, p. 98 - « *Le rejet de l'éviction du droit de vote puise sa légitimité dans le principe fondateur de la Révolution française, l'égalité devant la loi et donc devant le suffrage, d'où l'affirmation du principe de l'universalité du suffrage* ».

[135] Le principe d'universalité du suffrage figure à l'article 3 de la Constitution et sa valeur constitutionnelle est constamment réaffirmée depuis 1958 : V. par exemple CC, n° 82-146 DC, précitée, cons. 6 et 7.

municipales de 2020. Là où certains déplorent que « *ces dernières élections municipales ont été le théâtre d'une mise à mal de l'universalité du scrutin en invitant une partie des électeurs à ne pas se déplacer aux urnes - agitant le spectre viral - rétablissant le cens ancien, abolissant le secret du suffrage et l'égalité des électeurs devant ce dernier* »[136] ; d'autres dénoncent que « *si tous les électeurs ne sont pas également affectés par le risque que représente le Covid-19, il se pose alors la question de l'égalité devant le vote dans un contexte pandémique* »[137]. Un scrutin « *discriminatoire* »[138] envers les personnes âgées est également dénoncé.

Au surplus, la critique selon laquelle le corps de votants n'est pas représentatif du corps électoral a émergé[139]. Selon l'association *50 Millions d'électeurs !*, très active durant les élections et leurs suites contentieuses, nul doute que l'analyse des cahiers d'émargement « *pouvait permettre de démontrer que certaines classes d'âge étaient, du fait de l'abstention contrainte, sous-représentées dans la démographie du scrutin alors que d'autres étaient au contraire surreprésentées* »[140].

En outre, il est avancé que les mises en garde d'intensité différenciée préjudicient certains partis plus que d'autres, puisque les personnes *vulnérables* du fait de leur âge avancé, et

---

136 Laurent SEBAG, *Op. cit.*, p. 467.

137 Chiara DESTRI, Cyrille THIEBAUT, *Op. cit.*

138 V. notamment Françoise VERCHERE, référente d'*Anticor* en Loire-Atlantique et ancienne maire de Bouguenais, dont les mots ont été reportés par Audrey EMERY, « Pluie de recours contre le premier tour des municipales », *Le point* [en ligne], 28 mars 2020. (Bien que le strict droit à un système électoral non discriminatoire est conféré par la CEDH et que l'article 3 du protocole n°1 ne s'applique pas aux élections municipales).

139 Outre la sous-représentation des personnes âgées, le taux d'abstention chez les 18-24 ans s'élevait à 72%, ébranlant la représentation démographique. Pourtant, Richard GHEVONTHIAN, « Propos introductifs : La sincérité : une notion " impressionniste " », *in :* Sophie DE CACQUERAY et al., *Op. cit.*, – précise que l'égalité doit également être assurée au niveau de la représentation.

140 50 Millions d'électeurs !, « Et maintenant ? », *50 Millions d'électeurs* [en ligne], 28 septembre 2020.

donc d'une certaine tranche d'âge, font majoritairement partie d'un électorat ciblé. Chiara DESTRI et Cyrille THIEBAUT rappellent par exemple qu' « *aux élections européennes de 2019 le LR, LREM et RN s'étaient partagés le vote des plus de 65 ans, alors qu'à l'inverse, les partis de gauche avaient été plus populaires parmi les 18-24 ans* ». Partant, il parait inéluctable que « *certains partis risquent ainsi d'être privés (d'une partie) de leur électorat* »[141]. En bref, « *toutes les classes d'âge n'étant pas sensibles aux mêmes thématiques, propositions et arguments développés dans les programmes des différents candidats, l'abstention COVID a dans ce cas précis entaché de fait la sincérité du scrutin* »[142].

Ces critiques adressées au scrutin peuvent être très légèrement relativisées par le fait qu'au vu des statistiques de participation, les jeunes parents font également partie des personnes les plus touchées par l'induction de l'abstention[143].

Des protestataires ont tenté de soutenir que les personnes âgées votent plus et plus à droite[144], parfois à l'appui de moult statistiques[145]. Si l'argument n'était pas malhabile, il a été écarté avec une facilité déconcertante, soit puisque les deux listes en tête étaient du même bord politique, soit puisque les statistiques n'ont pas de valeur probante[146]. Théoriquement, il est possible de concevoir que la droite ait pu être préjudiciée. Le démontrer en pratique est une gageure.

Il est un fait qu'au premier tour, en raison de l'impossibilité d'établir une procuration à la suite des annonces, les

---

141 Chiara DESTRI, Cyrille THIEBAUT, *Op. cit.*

142 50 Millions d'électeurs !, « Et maintenant ? », *Op. cit.*

143 Selon les statistiques de participation, le taux d'abstention chez les 18-24 ans s'élevait à 72%. V. par exemple « Résultats des élections municipales 2020 : l'épidémie de coronavirus, première cause de l'abstention record au second tour », *France info* [en ligne], 26 juin 2020.

144 V. par exemple TA Versailles, 7 juillet 2020, *Élections de Champcueil,* n° 2002208 ; TA Versailles, 24 décembre 2020, *Élections de Conflans Sainte Honorine,* n° 2003161 – il s'agit de deux rejets.

145 V. par exemple TA Toulouse, 30 septembre 2020, *Élections de Pibrac*, n° 2001540.

146 TA Toulouse, 30 septembre 2020, *Élections de Pibrac*, n° 2001540, §15.

personnes âgées se trouvaient davantage en difficulté pour aller voter que le reste de la population qui est moins à risque. Or, cette affirmation ne se fonde sur aucun élément probant. Si pour de nombreux auteurs il est indéniable que « *la forte réduction du différentiel traditionnel de participation selon l'âge à ces élections [témoigne de] la crainte personnelle des électeurs les plus âgés de la contagion dans les bureaux de vote, poussant certains à s'abstenir* »[147] ; il est toutefois très difficile à établir que l'électorat ait été ciblé. Cela se déduit de sondages, témoignages et statistiques, qui n'ont pas réellement de force probante devant le juge de l'élection. Il ressort d'ailleurs des jugements analysés que le juge n'a pas retenu la qualification de manœuvre, du fait qu'il ne fut pas prouvé qu'une liste ait tiré plus de bénéfices de la situation qu'une autre, ni que lesdites manœuvres aient impacté un électorat plus qu'un autre[148]. Si de nombreuses protestations étaient fondées sur l'abstention induite chez les personnes fragiles et âgées, elles furent rejetées en masse[149].

En tout état de cause, l'office du juge ne consiste pas en l'immixtion dans la conviction des électeurs. Il ne peut, par aucun moyen, savoir pour qui aurait voté un abstentionniste. Dès lors, celui-ci n'est pas en mesure d'apprécier, pas même au travers de témoignages et autres attestations sur l'honneur, le fait qu'une certaine tranche d'âge se soit moins déplacée aux urnes et que cela puisse préjudicier un bord politique en particulier. Il part du principe qu'une abstention affecte toutes les listes de la même manière et que l'abstention, fut-elle différentielle, ne méconnait pas l'égalité devant le suffrage.

---

147 V. notamment Pierre MARTIN, « Les municipales de mars 2020, Un mauvais tour ? », *Commentaire*, n° 170, février 2020, p. 283.

148 TA Rennes, 26 mai 2020, *Élections d'Ile-et-Vilaine*, n° 2002084 – dans lequel le juge électoral n'a statué que sur le moyen fondé sur les manœuvres ; TA Nancy, 17 juillet 2020, *Élections de La Chaize-Le-Vicomte,* n° 2003386.

149 V. par exemple TA Versailles, 24 décembre 2020, *Élections de Saint-Germain-lès-Arpajon*, n° 2002742.

Dans le cadre de la protestation à l'encontre des élections d'Annecy, le juge a écarté d'un revers de la main les témoignages qui attestaient de la volonté et de l'impossibilité de voter pour la liste arrivée seconde ; alors même qu'il y avait 65% d'abstention et vingt-sept voix d'écart[150]. Au demeurant, le secret du vote fait obstacle à la prise en compte de témoignages, mais l'argument est réfutable car la preuve peut être apportée par tout moyen en matière électorale. Peut-être que les requérants feront faire une étude pour le Conseil d'État (lequel a déjà rejeté des témoignages), même s'il est rarissime qu'il prenne en compte des statistiques dont la scientificité est très controversée. Dans ce contexte exceptionnel, le rejet de la force probante de témoignages par exemple, peut paraître trop exigeant ; mais il est un fait que le Conseil d'État se refuse à faire de la politique et qu'il est réticent à reconstituer des raisonnements politiques.

Là encore, il paraît pertinent de s'interroger sur l'office du juge électoral[151] ; puisque le rejet jurisprudentiel du grief d'atteinte à l'égalité devant le suffrage résulte des limites de son office, paradoxalement très étendu. C'est tout particulièrement la question de la recevabilité de la preuve qui se pose, alors même que la preuve est en principe libre en contentieux électoral.

Dès lors, même s'il en résulte la non-représentativité du corps électoral, une mise à mal de l'universalité du scrutin, de la non-discrimination, ainsi que de l'égalité entre les électeurs, le juge ne peut annuler des élections sur les fondements ci-dessus exposés.

---

150 TA Grenoble, 4 février 2021, *Élections d'Annecy*, n°2003571, §12.

151 Le présent mémoire n'entend pas prendre de position dans le cadre de cette prospection, il ne prétend pas que l'extension de l'office du juge électoral serait une bonne chose, ni même l'assouplissement du régime de la preuve ; mais il se contente de susciter une réflexion en ce sens.

Ainsi « *les trois principes du droit électoral commandés par la nature démocratique du régime* »[152] dont fait partie l'égalité les électeurs devant suffrage sont-ils niés. L'affirmation selon laquelle il aurait été préférable que le premier tour n'ait pas lieu, plutôt que de se trouver dans cet embarras juridique, se confirme une fois de plus, et se confirmera encore à l'issue des démonstrations afférentes à l'ébranlement de la liberté de l'électeur.

SECTION II. LA LIBERTE DE L'ELECTEUR EBRANLEE

Au regard du contenu du principe de liberté de l'électeur, celui-ci a été ébranlé non seulement au stade des opérations de vote (II), du fait de l'abstention induite par la peur du virus et les injonctions contradictoires du Gouvernement au premier tour, menant à la démobilisation subséquente des électeurs au second tour ; mais également dès la campagne électorale (I), laquelle fut considérablement réduite, tant dans ses moyens que du point de vue de sa visibilité.

I. La liberté au stade préalable au vote altérée

La liberté devant le suffrage s'étend à tout le comportement électoral de l'électeur et elle implique une campagne électorale *convenable*, c'est-à-dire une campagne électorale qui permette une diffusion quantitativement et qualitativement *suffisante* pour informer les électeurs. Or, lors de cette séquence, la campagne a connu de nombreux désagréments et dérogations au droit commun de la propagande électorale, l'ayant considérablement réduite. La circulation d'informations relatives aux enjeux et différents

---

152 Hans KELSEN, *Théorie générale du droit et de l'État*, Bruxelles/Paris, Bruylant/LGDJ, 1997, p. 342.

programmes, ainsi que les débats censés l'accompagner, ont clairement été entravés par les restrictions sanitaires.

Dès lors que le principe de liberté de l'électeur implique, entre autres, que ce dernier fasse son choix en connaissance des enjeux électoraux, portée à lui par le biais de la campagne électorale ; le fait que la campagne fut considérablement limitée lui porte inéluctablement atteinte. Jamais une campagne électorale n'avait été si restreinte dans sa visibilité et ses moyens.

La campagne électorale s'entend largement comme les opérations précédant l'élection, relatives à son financement ou encore à la propagande électorale. Quant à la campagne officielle, sa temporalité est plus courte et sa définition est plus restreinte : elle se définit comme « *l'ensemble des activités de propagande par lesquelles les candidats, les partis, etc., invitent les électeurs convoqués pour un scrutin déterminé à s'y prononcer dans tel ou tel sens* »[153]. Compte tenu de sa finalité, à savoir d'informer l'électeur, elle est une phase clé du processus électoral et elle apparaît « *comme une condition de l'exercice éclairé du droit de suffrage* »[154]. En ce qu'elle permet d'apporter l'information nécessaire au choix de l'électeur, elle est primordiale dans un régime démocratique. De même, sa fonction justifie que le droit électoral l'encadre étroitement.

Les mesures restrictives prises pour endiguer la propagation du virus ont eu des répercussions directes sur certains moyens conventionnels et centraux de campagne, à l'instar des réunions électorales dites *meetings*, des diffuseurs d'informations importants. A titre d'illustration, à Oré dans le Morbihan, les *meetings* furent purement et simplement interdits lors de la campagne du premier tour, et ce, indépendamment du nombre de personnes attendues. Ce simple fait aurait dû mener à un report. À titre surabondant, ces perturbations sont intervenues durant la phase clé de

---

153 Gérard CORNU, *Op. cit.*, p. 144.

154 Stéphane COTTIN, Guy PRUNIER, *Op. cit.*, p. 48.

mobilisation des électeurs, soit en toute fin de campagne[155]. Ainsi, la campagne du premier tour n'a pu sortir indemne de sa concomitance avec l'explosion de la première vague épidémique, qui a bondi en France lors de la campagne qui avait officiellement débuté le 2 mars.

Outre le fait que sa durée soit rallongée et son régime inchangé[156], et outre les controverses – justifiées – sur la date de dépôts des listes[157] ; la campagne du second tour s'est avérée être tout aussi éprouvée et elle fut également à l'origine d'une mise à mal de la liberté de l'électeur. Cette dernière fut interrogée à l'aune de restrictions semblables à celles ayant affecté la campagne du premier tour, mais suscita des interrogations à bien d'autres égards.

Ainsi qu'a pu le relever Jean-François DELFRAISSY[158], il n'y a pas eu, durant cette campagne, de porte-à-porte, d'échanges à l'extérieur tels que dans marchés, de réunions publiques de plus de dix personnes[159] ; de la même manière que les réunions électorales, le tractage sur la voie publique ou dans les boîtes

---

155 Pierre MARTIN, *Op. cit.*, p. 283.

156 Art. 19 XII, 2° de la loi n°2020-290 du 23 mars 2020 précitée – Conformément à l'article R. 26 du code électoral, la campagne du second tour devait débuter le 16 mars et prendre fin le 21 mars, minuit. Finalement, elle s'est étalée sur quatorze jours à partir du quinze juin. Son régime n'a pas été adapté, en dépit des restrictions sanitaires, et au détriment de la liberté de l'électeur.

157 Aux termes de l'article L. 267 du code électoral, « *les déclarations de candidatures doivent être déposées au plus tard [...] pour le second tour, le mardi qui suit le premier tour, à dix-huit heures* », soit le 17 mars. Or, en vertu de l'article 19 de la loi du 23 mars 2020 précitée, la date de déclaration de candidatures a été avancée au mardi suivant la publication du décret, soit le 2 juin.

158 Cité par Mehdi YAZI-ROMAN, *Op. cit.*

159 V. en ce sens le décret du 14 juin 2020 modifiant le décret n° 2020-663 du 31 mai 2020 prescrivant les mesures générales nécessaires pour faire face à l'épidémie de covid-19 dans le cadre de l'état d'urgence sanitaire – interdisant tout rassemblement de plus de dix personnes à l'exception des établissements recevant du public et interdisant les rassemblements de plus de cinq mille personnes.

aux lettres furent restreints. Tous les échanges jusqu'alors sous forme de contacts humains, visant à apporter l'information des enjeux politiques aux électeurs, ont été entravés.

Il en va de même pour les affichages qui, bien qu'ils soient toujours possibles avec les restrictions sanitaires, ont été moins efficaces du fait de la baisse de passage. Les professions de foi ou circulaires n'ont pas vraiment été impactées, mais elles n'ont pas non plus été très encouragées en vue de pallier les restrictions impactant les autres moyens de campagne. Pour la campagne du second tour, les panneaux d'affichage furent doublés et les listes des communes de plus de deux mille cinq cents habitants pouvaient demander la mise en ligne de leur profession de foi[160]. Le droit électoral et de la propagande aurait pu être davantage adapté, notamment la propagande officielle davantage augmentée.

Le Conseil scientifique a vivement encouragé les candidats à se renouveler et à laisser place à une campagne essentiellement numérique[161]. Or, les caractères fortuit et tardif de la nécessité d'adaptation lui ont valu d'être limitée. Ce défaut d'adaptation au travers du numérique a été source de stupéfaction et a « *radicalement stérilisé la campagne en réduisant l'information des électeurs et l'échange d'idées au strict minimum* »[162].

Même si ces restrictions, fussent-elles locales, ont affecté indistinctement tous les concurrents d'un même secteur électoral – n'altérant dès lors pas l'égalité entre les candidats –, il n'en reste pas moins que la liberté de l'électeur, laquelle suppose un choix opéré en conscience et donc en

---

160 Décret n° 2020-742 du 17 juin 2020 prévoyant des dispositions spécifiques en vue du second tour du renouvellement général des conseillers municipaux et communautaires, des conseillers de Paris et des conseillers métropolitains de Lyon prévu le 28 juin 2020 et adaptant certaines dispositions du code électoral.

161 Avis du Conseil scientifique COVID-19, 18 mai 2020, *Modalités sanitaires du processus électoral à la sortie du confinement,* p. 7.

162 Mehdi YAZI-ROMAN, *Op. cit.*

connaissance des enjeux, a quant à elle été abîmée par ces restrictions. Dans la mesure où les principes électoraux s'appliquent dès cette phase de campagne, voire préalablement à celle-ci, la sincérité du scrutin ne peut être qu'affectée par une campagne *amputée*.

Cette même liberté de l'électeur s'est vue troublée par l'occultation médiatique des enjeux électoraux, le débat public ayant été monopolisé par la situation sanitaire.

La carence de débat public qui a marqué cette séquence électorale fut également à l'origine du déficit de légitimité des élections, laquelle résulte aussi du taux d'abstention exceptionnel.

Ainsi la campagne a-t-elle été entravée, en dépit de son importance à l'égard du processus démocratique. Le report des élections départementales et régionales, notamment fondé sur la nécessité du bon déroulement de la campagne électorale, témoigne d'ailleurs de son importance.

Admettre de telles conditions de campagne et les laisser prospérer, ce n'est autre que conforter une vision minimaliste de la démocratie. Les conditions du débat démocratique ont été très dégradées au regard du paradigme délibératif et des exigences que revêt la sincérité du scrutin. L'indisponibilité psychique des citoyens, du fait de la saturation de l'espace public, ainsi que la censure de certains moyens de campagne centraux tels que les réunions électorales, ont « *privé le résultat des élections de sa légitimité délibérative* »[163] et ont malmené la liberté de l'électeur. Ce dernier n'a pu voir porté à sa connaissance les informations relatives aux enjeux électoraux et, par conséquent, voter librement. Pour autant, l'absence d'un véritable débat public n'a pas été retenue comme ayant altéré la légitimité de l'élection et ses résultats.

La crise met ainsi en exergue des faiblesses et constats préexistants, tels que la conception d'une élection se bornant

---

163 Chiara DESTRI, Cyrille THIEBAUT, *Op. cit.*

à désigner et légitimer des gouvernants, au détriment de l'essence démocratique du processus électoral.

II. La liberté au stade des opérations de vote affectée

Le principe de liberté de l'électeur exige des mesures de sécurité sanitaire qui entourent les opérations de vote, de même qu'un climat serein, propice au bon déroulement du scrutin, comme exposé ci-dessus. Ce sont des conditions obligatoires pour que l'électeur soit exempt de toute pression (de quelque origine que ce soit, mais en particulier de l'autorité publique) et entièrement libre dans son comportement électoral[164]. Or, le contexte dans lequel se sont déroulées les élections municipales de 2020 n'a pas permis d'établir le climat de confiance et d'apaisement pourtant nécessaire au bon déroulement du scrutin, bien au contraire.

Concernant les opérations de vote du premier tour, l'abstention engendrée par la peur du virus et la gestion des pouvoirs publics qui en a été faite les ont affectées. La crainte de se rendre aux urnes a pu dissuader des électeurs potentiels de le faire, de surcroît avec une inégale intensité. Non seulement cette crainte ne fut pas compensée par des mesures choc permettant à l'électeur de se sentir en sécurité d'un point de vue sanitaire ; mais le discours n'était, lui non plus, ni rassurant, ni incitateur au vote, bien au contraire. Les annonces des pouvoirs publics étaient plus anxiogènes les unes que les autres. Dès lors, le comportement électoral n'a pu être totalement dénué de pression. Si l'absence de mesures de protection sanitaire permettant un choc de confiance est

---

164 A ce propos, Richard GHEVONTHIAN, « Propos introductifs : La sincérité : une notion " impressionniste " », *in :* Sophie DE CACQUERAY et al., *Op. cit.*, - précise que la liberté implique que « *le corps électoral dans son ensemble soit protégé des pressions sur son vote à commencer par celle de l'autorité publique, que celle-ci intervienne en tant qu'institution politique ou en tant qu'autorité administrative* ».

justifiée par le principe de stabilité du droit électoral[165] et la faisabilité matérielle à court terme, en revanche, rien *a priori* ne justifie la tenue d'injonctions contradictoires de la part du Gouvernement. Ces injonctions – qui consistent grossièrement à encourager au vote tout en suggérant de rester au maximum chez soi – ont mis les électeurs potentiels dans une position très inconfortable. Ils ont dû choisir entre leur devoir civique et leur devoir de citoyen[166]. En tout état de cause, le corps électoral ne pouvait se rendre sereinement aux urnes alors que le pays était mis à l'arrêt à cause d'un virus dont on ne connaissait pas grand-chose. En effet, le virus était méconnu et le recul – scientifique et personnel – manquait à son égard. La crainte fut au demeurant entretenue par ce climat d'état d'urgence en période électorale.

Concernant les opérations de vote du second tour, l'abstention fut induite par des facteurs semblables à ceux ayant nui au premier tour, auxquels s'est subséquemment ajoutée une démobilisation *de facto* au second tour. Plus explicitement, la démobilisation au premier tour engendre de manière quasi-automatique celle au second. En ce sens, à la suite d'un premier tour à tout le moins ressenti comme démocratiquement illégitime[167], si ce n'est juridiquement

---

165 Pour rappel, ce principe à valeur législative figure à l'article L. 567-1 A du code électoral et il implique que les règles d'une élection ne soient pas changées durant l'année qui précède le scrutin. Des considérations exceptionnelles pourraient toutefois permettre d'y déroger, comme par exemple l'endiguement de l'épidémie et de l'abstention. Attention toutefois, il convient de distinguer l'adaptation des modalités de vote, de leur changement. Les exemples de la Pologne et de la Corée du Sud sont de très bons exemples pour comprendre la distinction. Dans le premier car, vouloir effectuer un grand changement au dernier moment s'est avéré néfaste et discrédite le scrutin. Dans le second cas, promouvoir une modalité déjà pratiquée s'est révélée fructueuse du point de vue de la participation. En somme, il y a un équilibre à trouver entre la confiance en la gouvernance contre le Covid-19 et la confiance en l'élection.

166 Jean-Charles JOBART, *Op. cit.*, p. 2212.

167 Laurent SEBAG, *Op. cit.*, p. 467.

insincère, la participation au second tour de cette même élection est désincitée – de surcroît dans un contexte où la confiance en les élus est déjà bien entaillée. À cela s'est additionnée la déconnexion de plus de trois mois entre les deux tours, qui ne favorise pas l'intérêt porté au second tour, voire accentue la démobilisation à son égard, à cause du manque d'effervescence.

Le scrutin a été maintenu dans un climat si anxiogène qu'il a fort probablement causé la hausse considérable de l'abstention. Si cette affirmation se déduit d'éléments qui ne sont pas probants (quand bien même la preuve est libre en matière électorale), les faits ne mentent pas. Le contexte n'est, en toute objectivité, pas propice au bon déroulement du scrutin, du point de vue de la sérénité qu'il requiert. De plus, il ressort clairement des enquêtes d'opinion que la peur du Covid-19 était la première cause de l'abstention[168]. Il suffit de consulter les sondages *Ifop* et les statistiques officielles, qui démontrent que la peur du Covid-19 est la première cause d'abstention, pour se convaincre des répercussions (de la crise sanitaire et sa gestion) sur le niveau d'abstention[169]. Le nombre de protestations et la variété des personnes à leur origine témoigne d'ailleurs du fait que la conscience démocratique n'ait pas tant été *sédatée* par la crise[170].

L'abstention exceptionnelle engendrée par cette conjoncture a touché l'ensemble de la séquence électorale et elle fut si importante qu'elle fut qualifiée d' « *effondrement*

---

168 V. par ex., dès le 6 mars : <https://www.charles.co/ifop-les-francais-face-au-coronavirus/> - un sondage selon lequel déjà 28% « *des électeurs étaient susceptibles de ne pas se rendre à leur bureau de vote par crainte des risques de contamination* ».

169 Sylvain BROUARD, Haley MCAVAY, « Participation aux élections municipales 2020 en métropole : l'effet du Covid-19 », *Notes Attitudes toward COVID-19 – A comparative study Science Po CEVIPOF*, 10 juin 2020, 10 p.

170 Audrey EMERY, *Op. cit.*, souligne que les protestations proviennent tant de candidats, que de politiques, d'électeurs, bref, de divers acteurs de la démocratie.

spectaculaire »[171] de la participation. Lors de cette séquence, l'abstentionnisme conjoncturel a pris des proportions inédites : non-inscrits compris, le taux d'abstention a avoisiné les trois quarts du corps électoral. L'abstention ne pose pas en soi de difficultés juridiques particulières, en ce qu'aucun seuil de participation n'est prévu, à l'exception des communes de moins de mille habitants[172]. Néanmoins, le fait que l'abstention ait été induite de la sorte interroge le respect de la liberté de l'électeur.

Tant les conséquences politiques que juridiques auraient dû mener au report des élections. En effet, le scrutin s'avère en carence de légitimité démocratique et de sincérité, deux entités intrinsèquement liées, si ce n'est à certains égards interdépendantes[173]. Les éléments pointés comme préjudiciables à la sincérité du scrutin ne se limitent pas à des considérations purement juridiques. Plus subjectivement, ils peuvent susciter chez les citoyens une mauvaise perception de la légitimité de leurs élus[174]. Les conséquences politiques sont donc d'ordre démocratique, et le principe démocratique est constitutionnel, quand bien même la modalité afférente à la représentativité ne figure pas au rang des principes constitutionnels. En d'autres termes, l'enjeu démocratique de l'exercice du droit de suffrage est par extension un enjeu d'ordre constitutionnel. Au-delà de l'aspect juridique, la question de la légitimité des conseillers municipaux élus avec

---

171 François ERNENWEIN, *Op. cit.*, p. 32.

172 L'article L. 253 du code électoral prévoit que pour remporter l'élection dans une commune de moins de mille habitants dès le premier tour, il faut réunir la majorité absolue des suffrages exprimés et au moins nombre de suffrages égal au quart des électeurs inscrits.

173 V. notamment Joakim LE MENESTREL, *Op. cit.*, selon qui « *S'asseoir sur la sincérité du vote, c'est s'asseoir sur la démocratie* ». Au demeurant, l'impératif juridique de sincérité du scrutin est intimement lié à la considération politique de légitimité, dépendante de l'abstention ; le juge ayant été amené à apprécier la sincérité à l'aune de l'abstention et du différentiel de voix.

174 Richard GHEVONTIAN, « La notion de sincérité du scrutin », *Op. cit.*

un taux de participation si faible se pose sérieusement. Cela constitue un « *terreau propice à une crise de gouvernance institutionnelle* »[175].

Un report des élections aurait été possible dès le premier tour jusqu'au dernier moment, au moyen d'acrobaties juridiques[176]. Néanmoins, il y avait un consensus politique en faveur du maintien du scrutin, particulièrement soutenu par Gérard LARCHER[177] et Édouard PHILIPPE[178], à l'exception du Chef de l'État[179]. De ce fait, le premier tour n'a pas été reporté, en dépit de l'aggravation de la situation sanitaire et subséquemment, de l'incertitude relative à la possibilité de maintenir le second tour. Le manque de diligence des pouvoirs publics relatif au maintien du premier tour a d'ailleurs été vivement dénoncé et a donné lieu à de nombreux dépôts de plainte devant la Cour de justice de la République, puisque ce manque est susceptible de faire engager leur responsabilité[180].

---

175 Laurent SEBAG, *Op. cit.*, p. 467.

176 Pour rappel : parmi les acrobaties juridiques éventuelles, figurent le vote rapide d'une loi (ce qui est difficile en cas de dissensus), l'invocation de la théorie des circonstances exceptionnelles (douteuse en présence d'une base légale existante, à savoir l'art. L. 3131 CSP), l'art. 16 de la Constitution (dont la réunion des conditions était peu probable) ; ainsi qu'à l'échelle locale, un report là où l'épidémie sévit trop, par le maire ou par arrêté préfectoral en vertu de l'art L. 3131-1 CSP (qui aurait sûrement été rétro-validé ou n'aurait pas été abrogé immédiatement et donc, quoi qu'il en serait advenu, aurait permis à ce que le premier tour ne se tienne).

177 SENAT, Communiqué de presse du 15 mars 2020.

178 JT France 2 du 17 mars 2020, cité par Romain RAMBAUD, « Droit électoral et circonstances exceptionnelles, Les lacunes révélées par la crise du coronavirus », *AJDA*, 2020, p. 827.

179 Cécile CORNUDET, « Municipales : Larcher et Fabius en travers de Macron », *Les Echos* [en ligne], 12 mars 2020.

180 V. en ce sens Thierry DAL FARRA, « La responsabilité de l'État et de ses représentants dans la gestion de l'épidémie de covid-19. Les effets de la convergence des jurisprudences administrative et répressive », *AJDA*, 2020, p. 1465.

Pour favoriser la participation et par extension éviter des recours massifs, plusieurs précautions en vue d'assurer la sécurité sanitaire des électeurs et des personnes participant aux opérations électorales (membres du bureau de vote, scrutateurs du dépouillement, agents communaux, *etc.*) ont été prises. Au second tour par exemple, en supplément des gestes barrières et des dérogations au droit commun repris du premier tour[181], il y eut la mise en place de parois en plexiglas, d'une file d'attente prioritaire, le port de la visière fut recommandé pour les membres du bureau, les électeurs furent limités à trois simultanément dans le bureau de vote, le port du masque fut obligatoire, *etc.*[182]. Par-dessus tout, le régime des procurations fut sensiblement allégé : les procurations établies pour le 22 mars sont restées valables et il était possible d'en établir deux (contre une seule habituellement), ainsi que de faire se déplacer les officiers de police judiciaires habilités en cas de difficulté, sans avoir à fournir de justificatif[183]. Les sénateurs, non soutenus par le Gouvernement, ont également proposé d'instaurer le vote par

[181] Les mesures sanitaires applicables au premier tour ont été précisées dans une circulaire du ministre de l'intérieur relative aux modalités d'exercice du droit de vote par procuration du 9 mars 2020 relative à l'organisation des élections municipales précitée. En vertu du décret n° 2020-743 du 17 juin 2020 prescrivant les mesures sanitaires exceptionnelles nécessaires pour l'organisation des élections organisées le 28 juin 2020, les gestes barrières applicables au premier tour repris consistaient par exemple en la distance d'un mètre entre les électeurs avec marquage au sol, le lavage des mains, *etc.* De plus, par dérogation à l'article R. 61 du code électoral, le bureau de vote a été dispensé d'estampiller la carte d'électeur après qu'il ait voté.

[182] Décret n° 2020-643, précité.

[183] Art. 1er de la loi n° 2020-760, précitée.

correspondance[184]. Néanmoins, les mesures prises pour enrayer la propagation du virus et rétablir la confiance en cette gestion de crise sanitaire se sont révélées manifestement insuffisantes pour endiguer l'abstention et sûrement l'épidémie, à tout le moins dans le ressenti du corps électoral.

A titre pléthorique, la brisure du climat de confiance – déjà bien entaillé – est très logiquement délétère pour la participation. Il est un fait que lorsque la confiance portée à ses gouvernants ne cesse d'être brisée, l'envie de se déplacer pour les choisir s'amenuise et la lassitude de l'électorat s'observe alors. De même, au-delà des divergences sur la confiance envers les gouvernants et le système, il est un fait qu'il n'y a pas de liberté dans un climat si anxiogène. Une fois encore, « *c'est notre attachement à la démocratie que le coronavirus pointe : une démocratie majoritaire, où seule importe la capacité de gouverner, où seul le vote compte et prime, qu'importent les circonstances pandémiques ; malgré l'absence de visibilité du débat public obnubilé par la crise sanitaire et l'impossibilité vitale pour certains de se rendre aux urnes. Gardons-le à l'esprit, l'organisation des municipales, certes, constitue un dysfonctionnement démocratique important, mais cela ne fait que révéler un constat préétabli : une démocratie strictement " majoritaire ", coupée de ses citoyens* »[185].

Dès lors que l'abstention contrainte n'est ni assimilable aux conséquences de la crise de la représentation, ni assimilée à une méconnaissance de la liberté de l'électeur et de la sincérité du scrutin, il semble pertinent d'interroger la création d'un fondement juridique de l'opérance de l'abstention induite. Même si la jurisprudence n'a majoritairement pas acté en ce

---

[184] Amendement n° 19 rect. bis déposé sur la proposition de loi tendant à sécuriser l'établissement des procurations électorales et l'organisation du second tour des élections municipales de juin 2020 adoptée le 2 juin 2020, déposé par Bruno RETAILLEAU et défendu par Eric KERROUCHE ; amendement n° COM-38 sur la loi du 22 juin 2020 précitée.

[185] Beverley TOUDIC, « Le coronavirus, des enseignements à tirer pour sortir d'une démocratie déjà confinée », *Institut Rousseau* [en ligne], 15 mai 2020.

sens, il paraît sérieux, au regard de la définition des principes de sincérité du scrutin et de liberté de l'électeur, qu'une telle gestion des élections municipales soit de nature à altérer ces principes.

CHAPITRE II

L'INOPERANCE MAJORITAIRE DU SEUL MOYEN FONDE SUR L'ABSTENTION

La sincérité du scrutin doit être garantie aux stades de l'élaboration des conditions de vote, de la campagne électorale et des opérations de vote, mais également « *par le contrôle et la sanction éventuelle de son non-respect* »[186], au stade contentieux. Pour cette raison, les décisions des juridictions administratives étaient attendues impatiemment par les très nombreux protestataires, *« pour rétablir un certain État de droit électoral, alors que les autres instances de protection des droits ont souvent " démissionné " »*[187]. Le nombre de recours contre les élections municipales a augmenté de 131% en 2020, puisque trois mille cinq cent vingt-sept recours ont été enregistrés, contre mille cinq cent vingt-cinq en 2014[188]. Pourtant, bien que les principes d'égalité et de liberté devant le suffrage aient été considérablement ébranlés durant la séquence électorale des municipales de 2020, les maux dérivés du Covid-19 à l'origine de cet ébranlement ont quasi-unanimement subsisté à l'épreuve du prétoire.

Ainsi, le sort jurisprudentiel de la portée conceptuelle du principe de sincérité du scrutin, évalué à l'aune du moyen fondé sur l'abstention, sera apprécié dans le développement qui suit. La portée du principe de sincérité a connu un sort défavorable dans les circonstances qui lui sont contemporaines. Le grief fondé sur l'abstention (induite) s'est révélé infructueux pour les nombreuses protestations électorales fondées sur lui (neuf cent soixante-dix-huit sont

---

186 Richard GHEVONTIAN, « La notion de sincérité du scrutin », *Op. cit.*

187 Laurent SEBAG, *Op. cit.*

188 SENAT, Rapport d'information sur *Mieux organiser la Nation en temps de crise*, n° 609, 8 juillet 2020, p. 161.

recensées à ce jour, s'agissant des élections municipales de 2020).

En effet, hormis le bouleversement de la célérité traditionnelle du contentieux électoral comme conséquence directe de la prorogation des délais de recours et de jugements[189], le contentieux électoral n'a pas connu de grande évolution du point de vue de ses raisonnements. Jean-Pierre CAMBY qualifie ainsi de « *souplesse incroyable* »[190] la malléabilité dont a fait preuve le droit électoral pour faire face aux circonstances, sans déroger à ses raisonnements classiques. Ici sera soulignée la souplesse des juges qui, en dépit des bouleversements électoraux, n'ont pas bouleversé ou adapté leur jurisprudence.

Bien qu'étant le fruit d'une jurisprudence constante, l'inopérance du seul moyen fondé sur l'abstention a connu un léger infléchissement initié par le Conseil constitutionnel. Pour autant, la réception de l'incise du Conseil constitutionnel par les juridictions administratives a été très étroite. L'infléchissement n'a pas eu la portée qu'il aurait pu avoir ; à l'exception d'un arrêt dont le sort définitif sera scellé prochainement. Par conséquent, le caractère quasi-constant de la jurisprudence en dépit des bouleversements électoraux sera étudiée dans un premier temps (SECTION I) et l'infructuosité des protestations en dépit de ces mêmes bouleversements, dans un second temps (SECTION II).

SECTION I. UNE JURISPRUDENCE QUASI-CONSTANTE DANS UN CONTEXTE DE BOULEVERSEMENTS ELECTORAUX

Si l'inopérance du moyen fondé sur l'abstention s'inscrit dans un raisonnement jurisprudentiel

---

189 Art. 15 et 17 de l'ord. n°2020-305 du 25 mars 2020 portant adaptation des règles applicables devant les juridictions de l'ordre administratif.

190 Jean-Pierre CAMBY, « Contentieux électoral : les élections municipales à la lueur des élections européennes », *Op. cit.*, p. 383.

remarquablement stable (I), les Sages ont toutefois laissé la porte ouverte à une timide évolution (II).

I. La remarquable stabilité du raisonnement jurisprudentiel relatif au moyen fondé sur l'abstention

Le juge électoral est réputé constant dans ses raisonnements et, pour cause, la matière le lui oblige : le jugement relatif à l'expression citoyenne se doit d'être incontestable, et donc éloigné de tout soupçon[191]. La jurisprudence relative à l'abstention fut jusqu'alors constante, les positions des juges administratifs et des juges constitutionnels convergent en ce sens[192]. Aucun seuil de participation n'étant prévu par les textes, sauf exceptions[193], l'abstention n'est, classiquement, ni examinée par les juges de l'élection[194], ni *a fortiori* de nature à altérer la sincérité du scrutin. Une telle position est sans équivoque : le juge énonce que « *le requérant ne peut utilement se prévoir, à l'encontre de l'élection, du taux d'abstention élevé enregistré lors de cette élection* »[195]. Il est bien établi que l'abstention en elle-même ne signifie ni une entrave au droit de vote, ni une inégalité entre les candidats, et qu'elle est de ce fait sans incidence sur la régularité du scrutin. En outre, le vote n'étant pas obligatoire, la liberté de l'électeur consiste notamment en la liberté de ne pas voter. De surcroît,

---

[191] Cela est renforcé par la question de la légitimité du contrôleur des élections. V. notamment Francis DELPEREE, *Le contentieux électoral*, PUF (Que sais-je ?), p. 6 : « *Au nom de quelle légitimité va-t-il se dresser contre le suffrage des citoyens, source première de la légitimité, y compris de la sienne ? Pourquoi enfreindre aussi ouvertement les principes de la séparation des pouvoirs et des fonctions ?* ».

[192] V. par exemple CE, 17 décembre 2014, *Élections municipales de Saint-Rémy-sur-Avre*, n°381500 ; CC, n°98-2571/2572/2573 AN, 9 mars 1999, *A. N., Alpes-Maritimes (2e circ.)*.

[193] Art. L. 253 du code électoral susvisé, en matière d'élections municipales.

[194] CE, 29 novembre 2000, *Élection partielle de Wailly*, n°220510.

[195] CC, n°98-2571/2572/2573 AN précitée.

l'office du juge ne consiste pas à présumer le vote des abstentionnistes[196]. Dès lors, même si l'abstention nuit à la démocratie, voire en est une pathologie, ce facteur n'est pas retenu par le juge électoral comme altérant la sincérité du suffrage.

Il en résulte que des élections ont déjà été validées avec un taux de participation encore inférieur à celui des élections municipales de 2020[197]. Cela dit, conditionner la validité d'un scrutin à un seuil de participation pourrait se révéler dangereux et avoir pour effet de méconnaître l'expression du suffrage[198].

Pour être pris en compte, le grief de l'abstention doit nécessairement être couplé à un autre grief, comme être dû à des manœuvres ou pressions[199], à des irrégularités commises par les organisateurs[200], à la fermeture de bureaux de vote[201], ou en cas d'inégalité entre les candidats[202]. Même en cas de manœuvre, les critères classiques d'annulation restent valables et le protestataire doit non seulement démontrer la causalité entre la manœuvre et l'abstention, mais également que cette abstention a joué dans l'élection du gagnant[203]. Quoi qu'il en soit, le grief de l'abstention ne s'envisage qu'au cas par cas et n'a jusqu'alors été opérant qu'en présence des conséquences

---

196 CE, 15 mai 2000, *Élections dans la province des Iles Loyauté au congrès de Nouvelle-Calédonie et à l'assemblée de la province*, n° 208206.

197 Par exemple, le taux d'abstention s'est élevé à 57,36 % pour le second tour des élections législatives de 2017, et il a atteint près de 70% pour le référendum sur le quinquennat présidentiel du 24 septembre 2000.

198 Jean-Pierre CAMBY, « Contentieux électoral : les élections municipales à la lueur des élections européennes », *Op. cit.*, p. 385.

199 V. par exemple CE, 17 décembre 2014, *Op. cit.* ; CC, n°2007-3742/3947 AN, 20 décembre 2007, *Hauts-de-Seine (10ème circ.)*.

200 CE, 20 novembre 1905, *Élections de Vedise,* Lebon p. 852 – en l'espèce, le maire avait changé de local sans justification.

201 CE, 16 janvier 1998, *Carrère,* n°188926.

202 CC, n°80-892/893/894 AN, 19 janvier 1981, *Cantal (1ère circ.)* ; CC, n°93-1279 AN, 1er juillet 1993, *Wallis-et-Futuna.*

203 CC, n°3742/3947 AN, précité.

très circonscrites suscitées. La pratique révèle surtout la « *neutralisation de l'abstention* »[204]. En somme, il est rarissime que l'abstention soit prise en compte, y compris en cas de circonstances exceptionnelles.

En revanche, dans le cas d'une épidémie de grippe H1N1, le Conseil d'État avait affirmé que le contexte n'avait porté atteinte ni à l'égalité entre les candidats, ni à la sincérité des élections municipales de la Réunion[205]. Dans la situation approchante que constitue l'épidémie de coronavirus, la commission permanente du Conseil d'État a estimé que les élections s'étaient déroulées convenablement[206]. Puis, comme nous le verrons, les juges sont généralement allés dans le même sens. Par ailleurs, il a déjà été jugé que le seul fait d'appeler à participer ou à s'abstenir n'est pas retenu comme viciant la sincérité[207]. Partant, les propos tenus par les pouvoirs publics dans le cadre de leurs fonctions ne peuvent fonder une protestation, car ils relèvent de leurs missions régaliennes[208] et ne consistent en aucun cas en un appel à voter pour un candidat en particulier[209]. Même en cas d'aléas climatiques majeurs, tel un séisme, et quand bien même la corrélation entre l'abstention et les circonstances exceptionnelles est admise, une élection a été validée au motif que l'abstention avait impacté l'ensemble des candidats[210].

---

204 Romain RAMBAUD, « Élections municipales : le Conseil constitutionnel valide la loi du 23 mars 2020 », *AJDA*, 2020, p. 1679.

205 CE, 11 juillet 2011, *Élections municipales de Saint-Paul*, n°342852 ; CE, 11 juillet 2011, *Élections cantonales de Saint-Leu*, n°342851.

206 Commission permanente du CE, Avis sur le projet de loi d'urgence pour faire face à l'épidémie de Covid-19, 18 mars 2020, n° 399873, § 4.

207 CE, 7 mars 1990, *Élections municipales de Givet*, n°109050.

208 CSA, Délibération n° 2017-62 du 22 novembre 2017 relative au principe de pluralisme politique dans les services de radio et de télévision ; réponse publiée sur le site du CSA du 11 mars 2019 à propos du grand débat national.

209 Contrairement à, par exemple, CC, n° 2017-5092 AN, 18 décembre 2017, *A. N. Loiret (4ème circ)*.

210 CC, n°93-1279 AN, précité.

Toujours en présence d'un aléa climatique majeur, le Conseil constitutionnel est allé plus loin encore, en validant une élection alors qu'une effroyable tempête de neige avait engendré une abstention dans certains secteurs. Il a jugé que *« si, dans certains bureaux de vote, le faible taux de participation au scrutin par rapport à ce qui a été constaté, tant au premier tour dans les mêmes communes qu'au second tour pour d'autres bureaux de vote, peut être attribué, au moins en partie, à ces circonstances exceptionnelles, il ne ressort pas de l'examen des résultats du scrutin, commune par commune, que ces faits aient particulièrement joué au détriment de M. Tourdes »*[211].

En l'absence de réel autre grief opérant, les élections n'ont pu être annulées par le juge. Dès les premiers jugements du contentieux électoral de 2020, il fut précisé que « *l'abstention liée aux craintes entourant cette pandémie a impacté de la même manière toutes les listes en présence, les faits allégués de faible participation ne sont manifestement pas susceptibles de venir au soutien des griefs tirés de ce qui serait une absence alléguée de sincérité du scrutin ou même de liberté de suffrage* »[212]. La manœuvre ne fut pas non plus qualifiée au motif que la mauvaise gestion des pouvoirs publics et l'abstention qui en a découlé n'ont bénéficié à aucun parti précis[213]. En bref, même en cas d'épidémie, toute atteinte à la sincérité du scrutin en cas de hausse de l'abstention est exclue par les juges, l'abstention ne revêtant pas de caractère dirimant[214].

Par ailleurs, « *ce que le juge administratif doit contrôler avant tout, avec pragmatisme, c'est la moralité de l'élection et non pas la moralité des électrices et des électeurs à travers le taux de participation, ce dernier relevant de la volonté souveraine des membres du corps électoral qui décide*

---

211 CC, n°80-892/893/894 AN, précité.

212 TA Rennes, 26 mai 2020, *Élections de Vezin-le-Coquet*, n° 2002084, §3.

213 *Ibidem.*

214 Timothé BONNAUD, Pierrick SALEN, « L'inopérance de l'abstention liée au covid-19 sur la sincérité des élections municipales », *Village de la Justice* [en ligne], 1er mai 2020.

de bouder ou pas l'élection concernée »[215]. L'inopérance de l'abstention s'inscrit donc dans l'office traditionnel du juge électoral, en l'état du droit actuel. Le juge électoral apprécie la sincérité de l'élection. L'abstention n'est pas prévue par le droit comme une irrégularité susceptible d'affecter la sincérité du scrutin. Or, une protestation doit impérativement et précisément indiquer des éléments qui portent substantiellement atteinte à la validité des résultats[216], et l'abstention ne peut fonder une contestation de la sincérité du scrutin[217].

La question qui se pose n'est pas tant la sincérité du scrutin à l'aune du très fort taux d'abstention, puisque l'abstention en elle-même ne relève pas de considérations juridiques à l'exception des communes de moins de mille habitants au premier tour ; mais plutôt le fait qu'une part de l'abstention ait été contrainte. Or, l'abstention n'a pas été qualifiée de contrainte du seul fait du contexte. La qualification de contrainte a par exemple été conditionnée à l'impossibilité d'établir des procurations, ou à d'autres circonstances qui entravent l'exercice du droit de vote. Il paraît pertinent de s'interroger sur la nécessité de légiférer, à défaut d'avoir une évolution jurisprudentielle, pour consacrer un fondement juridique à l'abstention contrainte. Une telle consécration permettrait de rebondir en toute sécurité juridique et parer d'éventuels déficits démocratique et de sincérité, dans une situation analogue à celle du printemps de 2020.

Au vu de tout ce qui précède, « *le grief de l'abstention semblait donc voué aux limbes* » mais une « *résurrection du grief est venue du*

---

215 Patrick LINGIBE, « Le Conseil d'État et l'abstention : juger la moralité de l'élection ou celle des électeurs ? CE 15 juillet 2020, *Élections municipales et communautaires de Saint-Sulpice-sur-Risle*, req. n° 440055 », *Dalloz actualité*, 21 juillet 2020.

216 CE, 9 octobre 2002, *Élections de Rovelas*, n° 235362.

217 CE, 6 mars 2002, *Élections municipales de Rangiroa [Polynésie française]*, n° 236243.

Conseil constitutionnel »[218]. Du fait que le taux d'abstention fut exceptionnel mais surtout en partie contraint, la question de la constitutionnalité de l'absence de seuil minimal de participation a resurgi. Loin d'initier une telle évolution, le Conseil constitutionnel a laissé une petite brèche ouverte, laissant entrevoir la possibilité de l'opérance de l'abstention.

II. La timide évolutivité des Sages quant à la potentielle opérance du moyen fondé sur l'abstention

Si *« la théorie de la représentation politique est la grande absente de la jurisprudence du Conseil constitutionnel français »*[219], les Sages ont, par une incise rendue à propos du second tour, rendu potentiellement opérant le moyen fondé sur l'abstention, à l'occasion de la QPC n° 2020-849 susvisée. Le Conseil constitutionnel s'est prononcé à l'occasion de deux QPC, suite et grâce à une appréciation souple des conditions de recevabilité par les juges du filtre, ayant mené à son renvoi[220].

En effet, il existait des obstacles sérieux au niveau du filtre en ce qui concerne la QPC n° 2020-850, formée devant le tribunal administratif de Montpellier, à l'occasion d'une protestation contre les élections de Juvignac. Le caractère nouveau de la question pouvait facilement faire défaut, puisque la disposition en cause avait déjà été déclarée

---

218 Jean-Charles JOBART, *Op. cit.*

219 Bruno DAUGERON, « Le Conseil constitutionnel a-t-il une théorie de la représentation ? », *Jus Politicum*, juillet 2018, n° 21 – qui explique cela par le fait que la théorie ne soit abordée – et par conséquent ne se réduise – qu'à travers la nature du mandat parlementaire et le découpage électoral.

220 Jean-Pierre CAMBY, Jean-Éric SCHOETTL, « Le contentieux des municipales par temps de pandémie : le Conseil d'État remplit le Conseil constitutionnel de la plénitude de ses prérogatives », *Le club des juristes* [en ligne], 2 juin 2020.

conforme à la Constitution[221] et que la qualification de changement de circonstances était fragile.

Concernant la QPC n°2020-849 soulevée à l'occasion d'une protestation à l'encontre des élections de La Brigue, le caractère nouveau et sérieux de la question ne faisait nul doute. Néanmoins, l'applicabilité au litige des articles 19 I, 19 III et 19 IV ne relevait pas de l'évidence, loin de là. A ce propos, il est intéressant de relever que l'affaire ayant permis le renvoi de la QPC réunissait deux catégories d'élus, c'est-à-dire des élus au premier tour et des candidats restant à élire au second[222], ce qui n'est possible que dans les communes de moins de mille habitants. Grâce à cela, l'ensemble de la disposition pouvait être retenue comme étant applicable au litige, dès lors qu'il restait des sièges à pourvoir, et même si la protestation portait nécessairement sur les résultats du premier tour[223]. C'est là que réside la souplesse d'appréciation du juge du filtre, soutenue par le rapporteur public Guillaume ODINET qui, dans ses conclusions, attire l'attention sur l'existence d'une élection ayant abouti à un conseil municipal scindé et surtout sur « *l'unité qui existe entre les deux tours de scrutin et à la circonstance que [les protestataires] font précisément grief au législateur d'avoir fragmenté le processus électoral* »[224]. De la même manière, la normativité faisait défaut au dernier alinéa de l'article 19, en conséquence de quoi son applicabilité au litige

---

221 CC, n° 82-146 DC, précitée ; puis, à l'occasion de l'extension du dispositif par : CC, n° 2013-667 DC, 16 mai 2013, *Loi relative à l'élection des conseillers départementaux, des conseillers municipaux et des conseillers communautaires, et modifiant le calendrier électoral.*

222 CE, 25 mai 2020, *Élections municipales de La Brigue,* n° 440217 – Huit sièges ont été pourvus au premier tous et sept restaient à pourvoir au second.

223 CE, 26 janvier 1961, *Élections municipales de Plan-de-Cuques*, n° 48281 – qui conditionne la recevabilité d'une protestation électorale au fait qu'elle soit dirigée contre l'élection de candidats.

224 Guillaume ODINET, conclusions sur CE, 25 mai 2020, *Élections municipales de La Brigue* et *Élections municipales de Juvignac,* n° 440217 et n° 440235, p. 3.

était davantage fragilisée. De plus, en sa première branche relative à l'abstention, la question pouvait, objectivement, ne pas être considérée sérieuse, compte tenu de l'absence de seuil de participation.

Au regard de cette souplesse d'appréciation des critères de renvoi d'une QPC, il paraît fondé de soutenir que les QPC ont été renvoyées « *par discipline juridictionnelle et opportunité démocratique* »[225]. La volonté proactive de renvoyer la QPC témoigne d'une politique jurisprudentielle de filtrage libérale[226] (spécialement en matière électorale sensible) qui, d'ailleurs, se retrouve également dans les conclusions du rapporteur public du Conseil d'État.

La QPC n°2020-850[227] portait sur l'absence d'exigence légale d'un seuil minimal d'électeurs inscrits pour être élu, avec la question sous-jacente de l'érection en norme constitutionnelle de la représentation. La requérante « *reproche aux dispositions renvoyées de permettre que l'élection du conseil municipal d'une commune d'au moins 1 000 habitants puisse être acquise dès le premier tour de scrutin, sans exiger que la liste ayant obtenu la majorité absolue des suffrages exprimés ait également recueilli un nombre de suffrages correspondant à une part minimale du nombre des électeurs inscrits* ». Ces dispositions méconnaitraient non seulement les principes d'égalité devant la loi et devant le suffrage, mais également d' « *équité* », de sincérité et de loyauté du scrutin, ainsi que le principe démocratique et le principe de souveraineté nationale. De plus, la requérante demande la reconnaissance d'un principe fondamental reconnu par les lois de la République selon lequel nul ne peut être élu au

---

225 Romain RAMBAUD, « Élections municipales : le Conseil constitutionnel valide la loi du 23 mars 2020 », *Op. cit.*, p. 1676.

226 CE, Dossier thématique : *La question prioritaire de constitutionnalité devant la juridiction administrative*, 17 novembre 2014, mis à jour le 2 décembre 2019, p. 8.

227 CC, n°2020-850 QPC, 17 juin 2020, *Mme Patricia W. [Attribution des sièges au premier tour des élections municipales dans les communes de 1000 habitants et plus]*.

premier tour de scrutin s'il n'a pas réuni un nombre de suffrages égal au quart des électeurs inscrits. Cette question revenait « *à exiger une représentativité minimale exprimée en part du nombre des électeurs inscrits, au nom de l'équité du scrutin et d'un " principe " démocratique, donc d'une exigence théorique de la représentativité, qui par ailleurs ne fait pas l'objet d'une construction jurisprudentielle* »[228].

Les juges de la rue de Montpensier y ont – sévèrement – opposé une des rares fin de non-recevoir. En effet, le Conseil constitutionnel défend que l'article L. 262 en cause a déjà été déclaré conforme à la Constitution par la décision n°82-146 DC du 18 novembre 1982 et qu'il n'y a pas eu de changement de circonstances intervenu depuis. La requérante soutenait qu'un changement de circonstances résultait de l'inscription du pluralisme des courants d'idées et d'opinions à l'article 4 de la Constitution, ainsi que de la consécration du principe de sincérité du scrutin, justifiant le réexamen de l'article. Au soutien du changement de circonstances, la requérante invoquait également l'extension du champ d'application des dispositions en cause par la loi n° 2013-403 du 17 mai 2013, ainsi que le taux d'abstention exceptionnel du 15 mars 2020. Cette position adoptée par le Conseil constitutionnel laissait présager celle de l'autre QPC du même jour, laquelle énonce que l'abstention n'affecte pas de manière générale la sincérité du scrutin.

La QPC n°2020-849 portait quant à elle sur les dispositions I, III et IV de l'article 19 de la loi du 23 mars 2020. L'article 19, I reporte le second tour des élections initialement fixé au 22 mars 2020, au plus tard en juin 2020, et précise que l'élection des conseillers municipaux régulièrement élus dès le premier tour reste acquise. L'article 19, III reporte l'entrée en fonction des conseils municipaux élus et l'article 19, IV maintient provisoirement le mandat des élus sortants. La

---

228 Jean-Pierre CAMBY, « Des "circonstances exceptionnelles" aux "circonstances de l'espèce" : l'abstention, facteur d'annulation ? Le report, facteur de participation ? », *LPA*, 23 février 2021, n°038, p. 4.

requérante dénonce, comme étant à l'origine de l'insincérité du scrutin, l'abstention particulièrement élevée du premier tour ainsi que l'intervalle de quinze semaines qui sépare les deux tours.

Tout en admettant la constitutionnalité de cet article, les Sages ont entrepris une légère évolution, en laissant possible l'opérance du grief de l'abstention. S'ils prennent le soin de souligner que « *les dispositions contestées ne favorisent pas par elles-mêmes l'abstention* », ils précisent néanmoins qu'il appartient au juge de l'élection, « *saisi d'un tel grief, d'apprécier si le niveau de l'abstention a pu ou non altérer, dans les circonstances de l'espèce, la sincérité du scrutin* »[229]. Ainsi, le Conseil constitutionnel renvoie au juge naturel de l'élection municipale le soin d'apprécier si, au cas par cas, la sincérité n'a pas été altérée dans les circonstances d'espèce. Ce faisant, il rend l'abstention potentiellement opérante, et l'annulation possible dans les cas où l'insincérité serait *trop* manifeste. L'évolution des Sages ne réside pas dans le renvoi aux juges électoraux[230], mais bien dans la potentielle opérance du grief fondé sur l'abstention.

« *Le fait d'écarter l'abstention comme problème d'une manière générale en matière d'appréciation de la sincérité du scrutin s'inscrit dans la solution classique du droit français. En revanche, […] l'abstention liée au covid-19 étant d'une nature particulière, le Conseil constitutionnel adoptait une formulation plus large s'ouvrant vers l'office du juge électoral, en acceptant une appréciation du seul niveau de l'abstention* »[231].

Cette décision s'inscrit dans une volonté de ne pas exclure l'annulation pour cause d'insincérité, mais de ne pas mener à

---

229 CC, n°2020-849 QPC, précitée, §25.

230 V. par exemple CC, n° 2003-468 DC, 3 avril 2003, *Loi relative à l'élection des conseillers régionaux et des représentants au Parlement européen ainsi qu'à l'aide publique aux partis politiques*, § 21.

231 Thi Ha BUI, Romain RAMBAUD, « Annulation des élections municipales d'Annemasse par le TA de Grenoble : le seul niveau (très) élevé de l'abstention permet-il d'annuler une élection ? », *Association Dauphinoise du Droit public* [en ligne], 5 février 2021.

une annulation générale pour autant, et ce en dépit de l'impact général du Covid-19 sur le déroulement du vote dont témoigne l'abstention[232]. Il en résulte que, théoriquement, l'abstention, conjuguée à d'autres éléments (qui ne sont pas forcément de nature à justifier une annulation), peut altérer la sincérité d'un scrutin. Même si de grands électoralistes ne voient dans cette incise que le rappel d'une *« formule habituelle qui ne doit pas être interprétée comme une incitation »*[233] et adoptent une autre lecture de cette décision selon laquelle le Conseil constitutionnel confirme simplement l'inopérance de l'abstention hors manœuvres ou inégalités ; cette décision ouvre des perspectives contentieuses considérables[234] permettant de pallier le déni démocratique. Le commentaire de la décision reste silencieux sur la référence précise au niveau de l'abstention pris en tant que tel[235].

Cette position ne rompt pas avec la jurisprudence constante relative à l'abstention dans la mesure où l'annulation des élections ne s'envisage qu'au cas par cas[236]. De même, il est d'usage que les circonstances exceptionnelles s'apprécient au niveau de la circonscription[237]. Dès lors, une abstention d'envergure nationale ne saurait être prise en compte autrement que par ses conséquences locales concrètes. En revanche, la décision n° 2020-849 rompt avec

---

232 Une telle position était délicate à adopter, puisqu'elle impliquerait la remise en cause d'un suffrage ayant eu lieu, et créerait un précédent qui pourrait mener à annuler un suffrage au prétexte d'une insuffisance de participants.

233 V. en ce sens Jean-Pierre CAMBY, « Des "circonstances exceptionnelles" aux "circonstances de l'espèce" : l'abstention, facteur d'annulation ? Le report, facteur de participation ? », *Op. cit.*, p. 7 – à propos du renvoi au juge de l'élection.

234 Patrick LINGIBE, *Op. cit.*

235 Commentaire de la décision CC, n°2020-849 QPC, précité, p. 20.

236 CC, n° 2007-3742/3947, précité.

237 Timothé BONNAUD, Pierrick SALEN, *Op. cit.* – renvoie à Jean-Pierre CAMBY, *Le Conseil constitutionnel, juge électoral*, 7è éd., Paris, Dalloz (Thèmes et commentaires), 2017, n° 205.

la ligne jurisprudentielle antérieure dans la mesure où la formulation employée – assez large – rend le seul moyen fondé sur l'abstention potentiellement opérant.

SECTION II. DES PROTESTATIONS INFRUCTUEUSES EN DEPIT DES BOULEVERSEMENTS ELECTORAUX

La brèche ouverte par le Conseil constitutionnel – rendant potentiellement opérant le grief de l'abstention – a été saisie très timidement par le juge administratif (I), à l'exception du jugement portant sur les élections d'Annemasse (II).

I. La réception étroite par le juge administratif de l'éventuelle opérance du moyen fondé sur l'abstention

Les juges administratifs n'ont – pour la grande majorité (si ce n'est la quasi-unanimité) – pas perçu la brèche ouverte par le Conseil constitutionnel aussi pleinement qu'ils l'auraient pu. Ils n'ont, au contraire, saisi que très timidement cette incise ; ce qui explique en partie l'immense pourcentage de rejets des protestations électorales par les tribunaux administratifs (deux mille trois cent dix-huit rejets ont été répertoriés). À la suite d'un premier jugement dissident sur les élections de Malville rendu par le tribunal administratif de Nantes[238], par lequel les juges ont annulé les élections sur le seul moyen de l'abstention, le Conseil d'État a donné des indications générales sur les raisonnements à adopter par les juges. L'arrêt *Saint-Sulpice-sur-Risle*[239] dit *Saint-Sulpice* a été « *l'occasion pour la*

238 TA Nantes, 9 juillet 2020, *Élections municipales et communautaires de Malville*, n°2004764 – En l'espèce, le taux d'abstention s'élevait à 55,37 % et l'écart de voix à 265, mais 3 voix de la majorité absolue qui conditionnait la victoire au premier tour. Il est dissident par rapport à la ligne jurisprudentielle adoptée dès les premières protestations.

239 CE, *Élections municipales et communautaires de Saint-Sulpice-sur-Risle,* précité – En l'espèce, le taux d'abstention s'élevait à 56 %.

Haute juridiction d'affirmer une position jurisprudentielle face aux différents jugements des tribunaux administratifs, empêchant des solutions trop hétérogènes »[240]. Par cet arrêt, le Conseil d'État a considérablement restreint la portée de l'ouverture laissée par le Conseil constitutionnel : « *si le Conseil constitutionnel a donné une nouvelle vigueur [au grief fondé sur l'abstention], le Conseil d'État en a, par la décision [Saint-Sulpice-sur-Risle] commentée, fortement limité la portée* »[241].

L'arrêt *Saint-Sulpice* intervient dans un contexte dans lequel l'écart de voix était important (70,72% des suffrages exprimés pour les vainqueurs) et sans effets locaux concrets. Le Conseil d'État y précise que les protestataires doivent invoquer une circonstance additionnelle locale autre que l'abstention, « *relative au déroulement de la campagne électorale ou du scrutin dans la commune qui montrerait, en particulier, qu'il aurait été porté atteinte au libre exercice du droit de vote ou à l'égalité entre les candidats* »[242]. Ce faisant, le niveau d'abstention n'est pas, à lui seul, de nature à remettre en cause la sincérité du scrutin, ce qui affaiblit considérablement la portée du grief. Le grief de l'abstention devient presque inopérant, dans le sens où il semble devoir être associé à un autre grief, à lui seul déjà susceptible d'entraîner une annulation.

Les circonstances de l'espèce s'apprécient localement[243] ; d'autant qu'en renvoyant au juge de l'élection le soin d'apprécier – à l'échelle locale – la sincérité du scrutin, le Conseil constitutionnel admet implicitement que l'abstention n'a pas affecté de manière générale la sincérité. Il convient dès lors de rechercher la présence de circonstances locales, seules susceptibles de recouvrer un grief d'insincérité suite à la validation du Conseil constitutionnel. Dans ses conclusions sous l'arrêt *Saint-Sulpice-sur-Risle,* le rapporteur public a précisé,

---

240 Thi Ha BUI, Romain RAMBAUD, *Op. cit.*

241 Jean-Charles JOBART, *Op. cit.*

242 CE, *Élections municipales et communautaires de Saint-Sulpice-sur-Risle,* précité, §10.

243 CC, n°73-603/741 AN, 27 juin 1973, *A. N., Réunion (2ème circ.).*

par une liste non limitative, des éléments susceptibles d'être qualifiés de circonstances locales additionnelles[244]. La fermeture d'un bureau de vote ou encore l'annulation d'une réunion publique figurent sur cette liste. Les circonstances exceptionnelles sont très rarement retenues, et elles ne l'ont jamais été sur le seul fondement de l'abstention, quand bien même celle-ci résulte de circonstances locales[245] et quand bien même il est avéré que de nombreux électeurs n'ont pu se rendre aux urnes[246].

A ce propos, le juge de l'élection n'est pas le juge de l'intention : il ne statue pas sur le comportement de l'électeur, tel qu'un refus de se rendre aux urnes – fut-il fondé –, mais sur les opérations et les résultats. De ce fait, théoriquement, le juge peut prendre en compte le taux d'abstention uniquement si celui-ci a eu une influence directe et substantielle sur la sincérité et qu'il a affecté les résultats, par exemple en favorisant un candidat par le biais du détournement des consignes sanitaires[247]. Par suite, « *les " circonstances exceptionnelles " de cette élection ne créent pas d'incidences exceptionnelles au regard du déroulement des opérations* »[248] et il en résulte que l'abstention n'a pas été fructueuse du point de vue de l'annulation, en dépit parfois de la présence d'un faible écart de voix[249]. Le juge poursuit ainsi la logique finaliste qui caractérise classiquement son office[250]. Durant cette saison

244 Guillaume ODINET, conclusions sur CE, 15 juillet 2020, *Élections municipales et communautaires de Saint-Sulpice-sur-Risle*, n°440055.

245 V. par exemple CC, n°80-892 AN, précité – sur une tempête de neige ayant causé de sérieuses, nombreuses et avérées difficultés (sinon impossibilités) d'accès aux bureaux de vote.

246 CC, n°73-637 AN, 21 novembre 1973, *A. N. Corse (2ème circ.)*.

247 CE, 3 décembre 2020, *Élection de Champcueil*, n°442545.

248 Jean-Pierre CAMBY, « Des "circonstances exceptionnelles" aux "circonstances de l'espèce" : l'abstention, facteur d'annulation ? Le report, facteur de participation ? », *Op. cit.*, p. 10.

249 V. par exemple TA Strasbourg, 31 juillet 2020, *Élection de Hussern Wesserling*, n°2002618.

250 CE, *Élections municipales de Martys*, précité.

contentieuse, il s'est alors attaché à vérifier que les protestations se fondaient sur des éléments qui mettaient en cause les résultats querellés, puis s'est attardé sur l'écart de voix du proclamé élu.

Si au vu du développement qui précède, l'arrêt *Saint-Sulpice* s'inscrit dans les raisonnements traditionnels du juge de l'élection, les circonstances exceptionnelles et la subtilité relative à l'induction de l'abstention auraient largement pu justifier un revirement de jurisprudence, quand bien même l'objet de l'office du juge électoral justifie de mener une jurisprudence constante. Plus exactement, le fait que l'abstention diffère sensiblement de l'abstention contrainte aurait justifié une décision de principe affranchie de la jurisprudence préétablie, laquelle ne devrait pas être transposable aux élections municipales de 2020, eu égard à leurs particularités. En d'autres termes, les circonstances auraient justifié à ce que la jurisprudence établie ne soit pas appliquée.

Suite à la sévérité et au durcissement des conditions d'annulation dont a fait preuve le Conseil d'État, les tribunaux administratifs ont quasi-systématiquement rejeté les protestations fondées sur l'abstention. Dans la lignée des travaux de Jean-Charles JOBART[251], l'analyse contentieuse confirme que le Conseil d'État a, par cet arrêt, effectivement tracé la ligne jurisprudentielle poursuivie jusqu'alors par les tribunaux administratifs, dans une tendance d'appréciation très restrictive de la brèche laissée par le Conseil constitutionnel.

De nombreux tribunaux se sont contentés d'estimer que l'abstention n'était pas excessivement élevée pour rejeter ce grief[252], là où d'autres ont simplement comparé le taux

---

251 Jean-Charles JOBART, *Op. cit.*, p. 2212.

252 V. par exemple TA Nancy, 21 juillet 2020, *Élections de Le Val d'Ajol*, n°2001220.

d'abstention local avec le taux national[253]. L'absence d'effets locaux et spécifiques dans l'invocation de l'abstention a mené à de nombreux rejets, conformément à *Saint-Sulpice*[254].

Afin de rejeter l'abstention, le juge a mobilisé l'absence de rupture d'égalité entre les candidats[255], au prétexte que la contrainte s'est imposée à tous et qu'il est extrêmement délicat de prouver l'inverse. Dans la même lignée, les juges de l'élection municipale n'ont pas considéré que l'abstention avait favorisé le maire sortant[256]. Pareillement, l'annulation des réunions publiques n'a pas été suffisante pour convaincre les juges que la sincérité du scrutin était altérée, dès lors que les restrictions ont concerné tous les candidats. Pour le premier tour, l'interdiction concernait les rassemblements de plus de mille personnes[257] et permettait alors aux réunions électorales de se tenir. Par suite, le juge a relevé que l'annulation d'une réunion électorale de fin de campagne relevait de l'initiative du candidat[258]. S'agissant des électeurs potentiellement dissuadés d'aller voter, les juges ont rejeté l'idée d'une

---

253 V. par exemple TA Rennes, 22 juillet 2020, *Élections de Romillé*, n°2002118 ; TA Versailles, 3 août 2020, *Élections de Boissy-sous-Saint-Yon*, n°2002230.

254 V. par exemple TA Rennes, 28 juillet 2020, *Élections de Val d'Oust*, n° 2001612 ; TA Versailles, 3 août 2020, *Élections de Guerville*, n° 2002154.

255 V. par exemple TA Rennes, 3 juillet 2020, *Élections du Theil-de-Bretagne*, n°2002056 ; TA Nantes, 9 juillet 2020, *Élections d'Herbignac*, n°2003258 ; TA Strasbourg, 10 juillet 2020, *Élections de Petite-Rosselle*, n°2002226 ; TA Rennes, 22 juillet 2020, *Élections de Pont-Péan*, n°2001951 ; TA Nîmes, 13 août 2020, *Élections de Sainte-Cécile-les-Vignes*, n°2001112.

256 V. par exemple TA Nîmes, 13 août 2020, *Élections de Sainte-Cécile-les-Vignes*, n°2001112.

257 Arrêté du 9 mars et du 13 mars 2020 portant diverses mesures relatives à la lutte contre la propagation du virus Covid-19.

258 V. par exemple TA Nancy, 16 juillet 2020, *Élections de Saint-Amé*, n°2000842.

manœuvre de la part du Gouvernement ou des candidats élus visant à dissuader un électorat particulier[259].

Ensuite, les magistrats administratifs rejettent massivement le grief de l'abstention en ce qu'il ne porte pas atteinte au libre exercice du droit de vote[260], en estimant que les mesures sanitaires étaient respectées[261] et que le système facilité de procuration permettait de pallier le contexte favorisant l'abstention[262] ; à l'exception du jugement relatif aux élections de La Balme-de-Sillingy, dont les conditions de vote furent encore plus graves qu'ailleurs (il s'agissait d'une commune *cluster*, le maire sortant et une partie de son équipe étaient contaminés, la gendarmerie était fermée, ce qui empêchait d'établir une procuration – ce qui a considérablement pesé dans la balance du juge[263]). Toutefois, cette position est conforme au cadre donné par *Saint-Sulpice* : le juge électoral grenoblois a annulé les élections en présence de circonstances locales additionnelles. Cet arrêt est pleinement justifié au regard des conditions posées par le Conseil d'État, alors même que le taux d'abstention avoisine

---

[259] V. par exemple TA Bordeaux, 7 juillet 2020, *Élections de Bouglon*, n°2001702 ; TA Poitiers, 29 juillet 2020, *Élections de Dompierre sur Mer*, n°2001136. À cet égard, il ressort de l'analyse contentieuse que l'électorat vulnérable le plus invoqué par les protestataires fut les personnes âgées : V. par exemple TA Nancy, 17 juillet 2020, *Élections de La Chaize-Le-Vicomte*, n°2003386.

[260] V. par exemple TA Lyon, 6 juillet 2020, *Élections de Brens*, n°2002780 ; TA Bordeaux, 7 juillet 2020, *Élections de Meilhan-sur-Garonne*, n°2001413 ; TA Nîmes, 9 juillet 2020, *Élections de Sault*, n°2001023 ; TA Châlons-en-Champagne, 17 juillet 2020, *Élections de Balan*, n°2000836 ; TA Nancy, 21 juillet 2020, *Élections de Brin sur Seille*, n°2001219 ; TA Rennes, 22 juillet 2020, *Élections de Cléder*, n°2001343 ; TA Nantes, 31 juillet 2020, *Élections de Beaucouzé*, n°2003376.

[261] V. par exemple TA Nîmes, 9 juillet 2020, *Élections de Cucuron*, n°2001306 ; TA Nancy, 16 juillet 2020, *Élections de Saint-Amé*, n°2000842.

[262] V. par exemple TA Nantes, 17 juillet, 2020, *Élections de Moncé-en-Belini*, n°2003373.

[263] TA Grenoble, *Élections de La Balme-de-Sillingy*, précité.

les 60% et ne se distingue pas du taux national. Le Conseil d'État a sévèrement annulé ce jugement[264].

Comme à son habitude, l'écart de voix est généralement resté un critère cardinal. Étant donné que le juge de l'élection vérifie que l'irrégularité a affecté la sincérité du scrutin et la validité des résultats, le vice de l'écart de voix est un élément inéluctablement déterminant. Comme le soulève Jean-Charles JOBART, « *l'abstention aura ainsi un moindre effet à proportion de l'importance de l'écart de voix* »[265], et inversement : il y a une relation de proportionnalité entre ces deux facteurs[266]. L'appréciation du différentiel de voix paraît avoir été plus serrée qu'habituellement[267]. Pour autant, les circonstances exceptionnelles auraient largement pu justifier une remise en cause de la stricte nécessité d'un faible écart de voix. De la même manière, la conjoncture aurait largement pu justifier de renverser la présomption de sincérité qui joue en cas d'écart de voix important[268]. En outre, l'abstention induite aurait pu être classée parmi les graves irrégularités, dont l'érection aurait permis de s'affranchir du critère de l'écart de voix[269].

Toutes les décisions du Conseil d'État, sans exception, rejettent systématiquement l'abstention comme motif

---

264 CE, *Élections municipales de La Balme de Sillingy*, précité.

265 Jean-Charles JOBART, *Op. cit.*, p. 2212.

266 V. par exemple TA Nîmes, 9 juillet 2020, *Élections de Montfrin*, n°2001033 ; TA Strasbourg, 10 juillet 2020, *Élections d'Oeting*, n°2002225 ; TA Châlons-en-Champagne, 29 juillet 2020, *Élections de Vivier-au-Court*, n°2000662.

267 Romain RAMBAUD, « Contentieux des élections municipales : les « lois » de l'écart de voix », *AJDA*, 2020, p. 1596.

268 CC, n°2017-5079/5082/5129 AN, 19 janvier 2018, *A. N., Français établis hors de France (9ème circ.), M. Erwan Davoux et autres* - même en présence de manœuvre ayant profité au proclamé élu.

269 CE, 7 janvier 2015, *Élections municipales de la Valentine*, n°383052.

d'annulation[270]. L'énoncé de non-incidence du contexte pandémique sur les opérations électorales, selon lequel le législateur n'avait jamais « *subordonné à un taux de participation minimal la répartition des sièges au conseil municipal à l'issue du premier tour de scrutin dans les communes de mille habitants et plus,* » et selon lequel « *le niveau de l'abstention n'est ainsi, par lui-même, pas de nature à remettre en cause les résultats du scrutin, s'il n'a pas altéré, dans les circonstances de l'espèce, sa sincérité* », est désormais habituel. Le peu de jugements qui annulaient sur le fondement de l'abstention et de la liberté de l'électeur ont été annulés par le Conseil d'État, qui neutralise l'abstention au motif que les conditions de vote étaient convenables[271]. Le Conseil d'État a également cassé le jugement qui annulait les élections de Malville, confirmant une fois encore l'appréciation restrictive de ses propres critères posés par l'arrêt *Saint-Sulpice* ; et ce

270 CE, *Élections municipales de Saint-Sulpice-sur-Risle*, précité ; CE, 4 novembre 2020, *Élections municipales de Frignicourt*, n° 440355 ; CE, 6 novembre 2020, *Élections municipales de Saint-Juste-de-Claix*, n° 442054 ; CE, 16 décembre 2020, *Élections municipales de Sanary sur mer*, n° 442351 ; CE, 29 décembre 2020, *Élections municipales de Beauvais* et *Élections municipales de Dannemarie*, n°441808 et n° 443688 ; CE, 27 janvier 2021, *Élections municipales de Ruffey-lès-Echirey*, n° 445579 ; CE, 28 janvier 2021, *Élections municipales de Faulquemont* et *Élections municipales de Saint Georges d'Oleron*, n° 443737 et n° 445084 ; CE, 11 février 2021, *Élections municipales de Savigneux*, n° 445309 ; CE, 26 février 2021, *Élections municipales de Villenauxe-la-Grande*, n° 445004 ; CE, 5 mars 2021, *Élections municipales de Schnersheirm*, n° 445561 ; CE, 10 mars 2021, *Élections municipales de Parempuyre*, n° 445547 ; CE, 12 mars 2021, *Élections municipales de Saint-Germain-au-Mont D'or* et *Élections municipales de Templeuve-en-Pévèle*, n° 445425 et n° 445717 ; CE, *Élections municipales de La Balme de Sillingy*, précité ; CE, 29 mars 2021, *Élections municipales de Livarot-Pays d'Auge* et *Élections municipales de Lardin-Saint Lazare*, n° 445639 et n° 443527 ; CE, 30 mars 2021, *Élections municipales de Pernes*, n° 445494 ; CE, 31 mars 2021, *Élections municipales du Chesnay-Rocquencourt*, n° 447880.

271 V. notamment CE, *Élections municipales du Chesnay-Rocquencourt* précité.

même en présence d'un écart de voix extrêmement faible[272]. Même en cas de circonstances locales additionnelles susceptibles d'avoir porté atteinte à la liberté ou l'égalité devant le suffrage, le Conseil d'État applique son principe – aussi logique soit-il – avec une sévérité déconcertante, tel que l'illustre parfaitement l'arrêt *La Balme de Sillingy*[273]. Si beaucoup de personnes ont été confinées, le Conseil d'État utilise le contre-argument des procurations, afin de contrer les circonstances invoquées. Il y a clairement un hiatus entre les principes posés et leur application.

Somme toute, la crise n'a pas engendré de grandes singularités sur le contentieux électoral, conformément à ce que laissait présager le Conseil d'État. Les raisonnements habituels se retrouvent nettement dans le contentieux des

---

272 CE, 31 mai 2021, *Élections de Malville*, n°441889 - Pour rappel, l'écart de voix s'élevait à quatre voix de la majorité absolue requise pour être élu au premier tour. Le tribunal administratif avait pris en considération ce très faible écart pour retenir l'altération de la sincérité du scrutin et s'était alors engouffré dans la brèche laissée ouverte par le Conseil constitutionnel. C'est d'ailleurs cet arrêt dissident qui a donné lieu au cadrage opéré par le Conseil d'État dans l'arrêt *Saint-Sulpice*.

Selon Romain RAMBAUD, « Élections municipales et abstention : le Conseil d'État désavoue l'annulation des élections de Maleville malgré un écart de voix faible ! », *Le blog du droit électoral* [en ligne], 1 juin 2021 – La solution retenue par le Conseil d'État vient contredire l'un des seuls jugements ayant annulé une élection du seul fait de l'abstention et ce même en présence d'un écart de voix très faible. Il ne reste qu'à attendre la décision relative aux élections d'Annemasse pour voir si, en présence non seulement d'un écart de voix très faible, mais également d'un taux d'abstention nettement supérieur qu'à Malville, l'appréciation des critères posés par *Saint-Sulpice* peut être moins sévère et des élections annulées sur le seul fondement de l'abstention.

273 Le Conseil d'État a validé les élections en dépit de la difficulté (voire l'impossibilité) d'établir des procurations, laquelle est réfutable. Surtout, il les valide en dépit de l'impossibilité de mener campagne en raison du confinement des deux tiers des colistiers et du candidat en tête de liste, le tout face à la déclaration de candidature surprise de l'ancienne adjointe ; ce qui constitue des circonstances locales additionnelles au sens de *Saint-Sulpice*.

municipales de 2020. A y regarder de plus près, cette affirmation est tout de même nuancée. Curieusement, s'il ressortait des solutions classiques que l'atteinte au libre exercice du droit de vote était censurée, tel n'a pas été le cas dans le contexte du Covid-19. Or, l'abstention induite aurait pu largement être considérée comme influant en ce sens. A défaut d'avoir été plus souple, les juges paraissent au contraire avoir été plus sévères dans l'appréciation des griefs. Peut-être que cette sévérité des juges résulte du fait qu'il ne leur revient pas d'annuler des suffrages exprimés sur un fondement qui n'est juridiquement pas un critère. Cela pose la question de savoir si le législateur doit se saisir de cette problématique. Les pouvoirs publics semblent avoir décidé que non et ils refusent continuellement – ou presque – d'adapter le droit électoral.

II. L'opérance marginale du moyen fondé sur l'abstention

Depuis le cadrage opéré par l'arrêt *Saint-Sulpice-sur-Risle*, la jurisprudence fut homogène, à l'exception de l'arrêt portant sur les élections de la petite commune d'Annemasse[274]. Effectivement, le tribunal administratif de Grenoble a annulé ces élections sur le seul fondement de l'abstention, laquelle était couplée au critère cardinal traditionnel du très faible écart de voix. En l'espèce, une voix seulement séparait la liste élue de la majorité absolue requise pour être élue dès le premier tour. Par ailleurs, le taux d'abstention était exceptionnel en comparaison avec les dernières municipales, mais il se distinguait également nettement de la moyenne nationale, déjà elle-même très augmentée par rapport aux scrutins précédents : le taux s'élevait à 72,21% à Annemasse, contre 56,21% en 2014 et 55,34% au niveau national. Dans un tel contexte, le tribunal a annulé sur conclusions contraires les

---

274 TA Grenoble, 31 décembre 2020, *Élections municipales d'Annemasse*, n°001869.

élections en considérant que le taux d'abstention avait eu une incidence sur l'acquisition de l'élection au premier tour.

Conformément à la ligne donnée par *Saint-Sulpice,* les conclusions du rapporteur public Nathan VILLARD conclurent au rejet en évacuant l'abstention assez facilement, dès lors que les électeurs ont pu aller voter librement, peu importe le taux d'abstention[275]. En outre, il faisait se compenser d'autres irrégularités commises (alors même qu'elles n'étaient pas de même nature). L'une a été votée par la Commission nationale des comptes de campagne et des financements politiques, et consiste en la diffusion par l'agglomération d'un message qui soutenait implicitement les maires sortants ; l'autre a été commise par la liste concurrente, et consiste en l'établissement frauduleux d'une dizaine de procurations dans un établissement pour personnes âgées, pour laquelle la justice pénale a été saisie.

L'abstention n'est pas en soi une irrégularité en l'état du droit électoral ; ce sont ses circonstances qui ont mené à l'annulation. L'écart de voix n'est quant à lui qu'un facteur, il ne constitue pas une irrégularité. Il est ainsi intéressant de soulever que la conjonction de deux facteurs qui ne constituent pas d'irrégularités a conduit à l'annulation de ces élections. Sur ce point, cet arrêt constitue une rupture avec *Saint-Sulpice*, qui exige des protestataires qu'ils invoquent une « *autre circonstance* » que l'abstention, « *relative au déroulement de la campagne électorale ou du scrutin dans la commune qui montrerait, en particulier, qu'il aurait été porté atteinte au libre exercice du droit de vote ou à l'égalité entre les candidats* ». En ne faisant pas référence à la liberté de suffrage ou à l'égalité entre les électeurs, le jugement relatif aux élections d'Annemasse ne s'inscrit pas dans les carcans – « *au moins sur le plan rédactionnel* »[276] – du Conseil d'État, il n'applique pas strictement la jurisprudence *Saint-Sulpice* et cela fragilise le jugement. Si une erreur de droit était

---

275 Nathan VILLARD, conclusions sur TA Grenoble, 18 décembre 2020, *Élections d'Annemasse,* n°2001860.

276 Thi Ha BUI, Romain RAMBAUD, *Op. cit.*

retenue, ce serait sur la seule référence à l'abstention et à l'écart de voix. En revanche, ce jugement paraît conforme à la volonté présumée du Conseil constitutionnel, eu égard à la gravité des circonstances locales. Par cet arrêt, le tribunal de Grenoble a donné la portée probablement attendue par le Conseil constitutionnel. De même, le jugement relatif aux élections d'Annemasse s'inscrit dans la lignée de la QPC n° 2020-849 dans la mesure où elle établit que l'abstention, qui n'est en principe pas opérante, peut céder dans les circonstances de l'espèce. Au contraire, dans *Saint-Sulpice,* il est exigé des circonstances additionnelles à l'abstention. Or en l'espèce les circonstances invoquées sont l'abstention.

Ce jugement fut un jugement isolé, marginalement dérogatoire à la ligne jurisprudentielle conservée jusqu'alors, mais dont les caractéristiques sont si exceptionnelles qu'elles justifient largement un *écart.* La jurisprudence récente du Conseil d'État ne va pas dans son sens, mais il est difficile de raisonner par analogie, dans la mesure où le Conseil d'État a été amené à statuer sur des élections à l'occasion desquelles le taux de participation était semblable au taux national, ou avec un écart de voix plus important qu'à Annemasse. Il n'existe pas – en l'état de la jurisprudence actuelle – d'affaire comparable à celle d'Annemasse, eu égard à ses particularités très prononcées (un si haut taux d'abstention couplé à un si faible écart de voix). La réunion de ces facteurs d'une telle intensité n'est observée dans aucun autre contentieux. En effet, il est possible que le taux d'abstention avoisine celui d'Annemasse, mais jamais en présence d'un si faible écart de voix. Par exemple, il y avait 69,7% d'abstention à Sanary-sur-mer, 61,16% à Chesnay-Rocquancourt, mais avec respectivement deux mille cent un (soit 45,99%) et trente-huit voix d'écart (soit 0,9% en termes de suffrages exprimés, ce qui est déjà important en contentieux électoral). Inversement, dans les communes où l'écart de voix était extrêmement mince, le taux d'abstention avoisinait davantage le taux national que le taux observé à Annemasse. Par exemple, à

Ruffey-lès-Echirey, dix voix séparaient les deux listes, mais le taux d'abstention s'élevait à 37,25%. A Schnersheim, l'écart de voix s'élevait à trois voix, mais l'abstention à 36,3%.

Le Conseil d'État sera prochainement amené à trancher le cas d'Annemasse. Jusque-là, l'incertitude règne quant au devenir de ces élections. Les spécificités très prononcées du cas d'espèce fondent l'espoir que le Conseil d'État, malgré sa lignée poursuivie jusqu'alors et le fait qu'il ait dernièrement annulé le jugement relatif aux élections de La Balme en dépit des circonstances locales additionnelles, valide le jugement qui annule les élections d'Annemasse. Le Conseil d'État va rendre un arrêt de principe, répondre à l'interrogation relative à la possibilité qu'un taux d'abstention nettement supérieur à la moyenne nationale couplé à un très faible écart de voix, puisse constituer des circonstances locales justifiant une annulation. Dans l'affirmative, le Conseil d'État infléchirait son raisonnement aux termes duquel la circonstance doit être additionnelle à l'abstention et doit nuire en particulier à l'égalité entre les candidats ou la libre expression du vote, et *amender* la décision *Saint-Sulpice.* Le Conseil d'État pourrait toutefois profiter de l'autre irrégularité pour annuler l'élection, en se sortant de la difficulté de répondre au fondement de l'abstention, sans poser de règle de principe.

La constance de la jurisprudence du Conseil d'État ne conforte pas l'espoir d'annulation des élections d'Annemasse : comme vu précédemment, le Conseil d'État rejette systématiquement les protestations fondées sur le seul niveau d'abstention[277]. Toutefois, l'absence d'équivalence aux particularités d'Annemasse lui donnera peut-être une autre issue, puisqu'elle fonde la question de droit.

À s'y pencher de plus près, le jugement d'annulation des élections d'Annemasse n'est pas tant disjoint de la lignée jurisprudentielle préétablie. S'il y a un point sur lequel les

[277] V. par exemple CE, 28 janvier 2021, *Élection de Faulquemont*, n° 44373 ; CE, 28 janvier 2021, *Élections de Saint-Georges d'Oleron*, n° 445084. Toutes les décisions du Conseil d'État sont précitées exhaustivement.

arrêts dits *Saint-Sulpice* et *Annemasse* convergent, c'est qu'ils répondent tous deux à l'hypothèse selon laquelle il y aurait une volonté de limiter les cas d'annulations et les répercussions qui s'en suivent. Dès lors, si comme dans le cas de *Saint-Sulpice*, le taux d'abstention avoisine le taux national, ne pas annuler permet de ne pas annuler grand nombre d'élections qui ont connu un taux d'abstention équivalent. *A contrario*, un taux qui se distingue largement de la moyenne nationale, couplé à un très faible écart de voix, peut être annulé, étant donné que les cas similaires sont plus limités en nombre et qu'une annulation n'implique pas d'annulations massives.

En revanche, la moralité d'une telle hypothèse est discutable. Si quand la situation est grave, soit comme à l'échelle nationale, les juges valident des élections dont la sincérité a été ébranlée pour ne pas engendrer les conséquences d'une annulation massive, et qu'ils ne s'autorisent à annuler que les cas pour lesquels l'insincérité est la plus avérée, étant donné que peu de communes atteignent ces sommets ; cela pose problème dans la mesure où la sincérité n'est ou n'est pas. En d'autres termes, il y aurait une volonté de limiter les cas d'annulation sur ce fondement aux cas les plus exceptionnels. Il en résulte une jurisprudence somme toute plus homogène qu'elle n'y paraît, et plutôt défavorable au principe de sincérité du scrutin. Il y aurait, pour des considérations d'opportunité, une hiérarchisation des cas d'insincérité. Seules les communes avec un taux d'abstention exceptionnel et un très faible écart de voix pourraient se voir reconnaître l'impact du contexte sur la sincérité du scrutin. Il paraîtrait alors, à en croire certains auteurs, que le politique l'emporte parfois sur le juridique[278]. Dans le même temps, un tel raisonnement s'inscrit dans l'office même du juge électoral, lequel consiste à concilier la

---

278 V. en ce sens Stéphane ROZES, *in :* Stéphane ROBERT et al., « Les maires nouvellement élus sont-ils légitimes ? », *France culture* [en ligne], 1er juillet 2020.

préservation de l'état de droit électoral ainsi que l'ordre public électoral.

Le jugement portant sur les élections d'Annemasse suscite quelques controverses, à l'instar du seuil d'abstention en deçà duquel il peut être qualifié d'exceptionnel, ainsi que l'étendue de l'écart de voix susceptible d'altérer la sincérité du scrutin. En bref, la quantification de ces critères combinés dépourvus de seuil interroge, et leur relativité est dangereuse. Un rejet en présence d'un écart de quatorze voix sur trois mille cent cinquante avec un taux d'abstention de 67% ne peut qu'en témoigner[279]. De même, dans des situations relativement similaires à Annemasse, à la différence de l'écart de voix par exemple[280], l'issue diffère. Pourtant, un faible écart de voix ne garantit en rien changer l'issue du scrutin. A lui seul, et même s'il se défend, le critère de l'écart de voix est déjà contestable[281]. Pour cette raison, Pierre ESPLUGAS-LABATUT propose d'abandonner ce critère qu'il juge moralement insatisfaisant, pour ne retenir que celui de la gravité de la régularité[282].

---

279 TA Melun, 3 mars 2021, *Élections de Chennevières-sur-Marnes*, n°2004959.

280 V. par exemple TA Nantes, 9 juillet 2020, *Élections municipale et communautaire d'Herbigna*c, n°2003258 – dont le nombre de voix d'écart s'élevait à 80. Au demeurant, le jugement est rendu par le même tribunal que celui relatif aux élections de Malville, et par le même tribunal.

281 V. notamment Bernard MALIGNER, « Le contentieux des élections municipales de 1989 », *Op. cit.* – qui dénonce que ce critère peut inciter les fraudeurs à creuser cet écart pour rendre l'élection inconstestable, ainsi qu'un manque de rationalité dans son appréciation ; Bernard MALIGNER, « Qu'est-ce qu'un faible écart de voix dans la jurisprudence électorale récente du Conseil d'État et du Conseil constitutionnel ? », *in :* Chahira BOUTAYEB (dir.), *Mélanges en l'honneur de Jean-Claude MASCLET*, Paris, Travaux de l'Université Paris I Panthéon-Sorbonne (De Republica), 2013, p. 297, – qui présente ce critère comme subjectif et à géométrie variable.

282 Pierre ESPLUGAS-LABATUT, « Plaidoyer pour la recodification du droit électoral », *AJDA*, 2020, p. 1644.

CONCLUSION DE LA PREMIERE PARTIE

« *La France est une démocratie séculaire dans laquelle on peut penser que la sincérité des élections est, sauf à la marge, correctement assurée* »[283]. Or, c'est d'une marge d'envergure nationale dont il est question à l'occasion des élections municipales de 2020, qualifiées d'« *élections dégradées* »[284].

Les conditions dans lesquelles s'est déroulée cette séquence électorale ont nui à la sincérité du scrutin, en particulier à la liberté et à l'égalité devant le suffrage ; qu'il s'agisse du premier ou second tour, de la phase de campagne ou de celle des opérations de vote. C'est pourquoi les conditions dans lesquelles se sont tenues ces élections, en dépit du respect – non pas idéal mais nécessaire (quoi qu'utopique dans de telles circonstances) – des principes précités, ont été fermement dénoncées par la doctrine et de très nombreux protestataires.

Tout d'abord, la carence de débat public qui a marqué les campagnes électorales du printemps de 2020, elle-même engendrée par la censure des moyens de campagne électorale mais également par la monopolisation des préoccupations sanitaires, a privé l'électeur d'une connaissance suffisante relative aux enjeux des élections et a donc porté atteinte à sa liberté telle que définie ci-dessus. Ensuite, le contexte anxiogène relayé par les pouvoirs publics, ainsi que le paradoxe de leurs discours, ont induit une très forte abstention, au détriment de la liberté de l'électeur dans son comportement électoral. Enfin, l'égalité devant le suffrage a également été mise à mal : entre les électeurs d'abord, par

---

283 Pierre ESPLUGAS-LABATUT, *Op. cit.*, p. 1644.

284 Et ce même par de fervents défenseurs de l'action publique : Romain RAMBAUD, « 2nd tour le 28 juin : vers des élections municipales "dégradées" », *Le blog du droit électoral* [en ligne], 22 mai 2020 – Les élections sont qualifiées de dégradées, et ce, même par les plus fervents défenseurs de l'action institutionnelle de crise.

l'abstention différentielle, puis entre les candidats, lors des campagnes électorales.

Si les composantes de la sincérité du scrutin ont manifestement et multiplement été ébranlées, l'analyse contentieuse a débouché sur très peu d'annulations, encore plus marginales sur le fondement de l'abstention. Les tribunaux administratifs, irrigués par la jurisprudence du Conseil d'État, n'ont pu saisir l'incise du Conseil constitutionnel – qui rendait possible l'opérance du moyen fondé sur l'abstention – à sa juste mesure, suite au cadrage opéré par l'arrêt *Saint-Sulpice-sur-Risle* rendu par le Conseil d'État. Seul le jugement relatif aux élections d'Annemasse – dont l'issue définitive sera connue prochainement – s'affranchit de ce carcan. Il ressort de l'analyse contentieuse que les juridictions ont sévèrement appréhendé les griefs (à l'aune des normes électorales et de la jurisprudence antérieure – hormis en matière de pure abstention), qu'il s'agisse de ceux fondés sur l'abstention induite comme de ceux fondés sur d'autres maux dérivés du Covid-19, tels que l'annulation de réunions publiques. Surtout, les juridictions ne se sont pas conformées à la norme électorale en rejetant tous ces griefs, alors que la méconnaissance des principes électoraux était largement caractérisée. Cela a pour origine des motivations apparaissant alors comme extra-juridiques, à l'instar des conséquences d'annulations massives des élections.

La portée infructueuse des griefs fondés sur ces maux intervient au détriment et en méconnaissance de la portée du principe de sincérité du scrutin et de l'article 3 de la Constitution. Effectivement, la portée jurisprudentielle des principes électoraux paraît avoir été censurée, en comparaison avec leur portée jurisprudentielle antérieure et normative. Les principes électoraux en ressortent affaiblis. Les conditions dans lesquelles s'est déroulée la séquence électorale des municipales de 2020 sont pourtant inacceptables au regard des exigences inhérentes à la démocratie et aux principes constitutionnels afférents au vote, qui visent à protéger le principe démocratique de la République.

Si le droit électoral a été bouleversé à l'occasion des élections municipales de 2020, tel n'est pas le cas des raisonnements jurisprudentiels, alors que la gravité des faits le justifiait. D'aucuns déplorent que la jurisprudence traditionnelle relative à l'abstention n'ait pas été complétée à l'aune des ébranlements des principes électoraux. Jean-Pierre CAMBY n'a pas manqué de souligner la portée de principe des réponses jurisprudentielles de ces temps exceptionnels[285].

La grande insuffisance de la théorie de la représentation politique dans la jurisprudence du Conseil constitutionnel est déplorée par un pan de la doctrine[286]. Peut-être qu'une telle consécration permettrait de sortir plus facilement d'embarras juridiques semblables à ceux traversés lors de la séquence des municipales, de même que la consécration d'un fondement de l'abstention induite.

En tout état de cause, la préservation de la sincérité du scrutin est essentielle, consubstantielle et même vitale au système démocratique. À défaut d'avoir prévenu (en ne maintenant pas le premier tour), encore aurait-il fallu guérir (en admettant l'insincérité des élections au stade du prétoire). Paradoxalement, le maintien de ces élections, en raison de ses conditions, ne fut pas dans le meilleur intérêt de la démocratie[287]. La continuité démocratique, oui ; mais pas au

---

285 Jean-Pierre CAMBY, « Des "circonstances exceptionnelles" aux "circonstances de l'espèce" : l'abstention, facteur d'annulation ? Le report, facteur de participation ? », *Op. cit.*, p. 10.

286 V. notamment Bruno DAUGERON, « Le Conseil constitutionnel a-t-il une théorie de la représentation ? », *Op. cit.*

287 V. en ce sens Chiara DESTRI, Cyrille THIEBAUT, *Op. cit.* ; V. également Sophie LAMOUROUX, « Sincérité et juge électoral », *in :* Sophie DE CACQUERAY et al., *Op. cit.*, p. 144 : « *Dans la mesure où la démocratie – dont l'élection constitue le premier mode d'expression – est le seul régime politique compatible avec l'État de droit, la recherche de la sincérité du scrutin, la recherche de la vérité, devient essentielle. C'est là que réside la mission du juge électoral* ». Dès lors qu'un scrutin est insincère, la démocratie est impactée.

prix d'une démocratie bradée du fait de l'insincérité manifeste de son acte phare.

En sus d'avoir été affectée par ces maux considérables, la séquence électorale des municipales de 2020 a vu sa sincérité ébranlée par le report du seul second tour et la déconnexion temporelle entre les deux tours qui en découle.

SECONDE PARTIE

L'ATTEINTE A LA SINCERITE DU SCRUTIN DU FAIT DE LA DECONNEXION TEMPORELLE ENTRE LES DEUX TOURS

Le premier tour des élections municipales a été fixé au 15 mars 2020 par le décret du 4 septembre 2019[288], et le second tour devait se dérouler le 22 mars 2020 en application de l'article L. 56 du code électoral. Cependant, l'arrivée du coronavirus en France a été à l'origine d'un bouleversement du calendrier électoral. Les pouvoirs publics ont effectivement maintenu le premier tour en dépit de l'accroissement du taux de contamination et donc, dans l'incertitude quant à la possibilité de faire se tenir l'éventuel second tour à la date légalement prévue. Le taux de contamination étant exponentiel, le confinement généralisé a été annoncé dès le lendemain du premier tour, afin d'enrayer l'épidémie. En conséquence, le second tour a été reporté. L'élection ayant été acquise dès le premier tour dans trente mille cent quarante-trois communes (soit 86% des communes et 62% de la population), un second tour était nécessaire dans quatre mille neuf cent vingt-deux communes.

Sans fixer de nouvelle date, le décret du 17 mars 2020[289] a abrogé l'article 6 du décret du 4 septembre 2020 fixant initialement la date du second tour. Il se fonde sur le caractère pathogène et contagieux du Covid-19 ainsi que l'urgence de santé publique.

---

[288] Art. 1 et 6 du décret n° 2019-928 du 4 septembre 2019 précité.

[289] Art. 1 du décret n°2020-267 du 17 mars 2020 portant report du second tour du renouvellement des conseillers municipaux et communautaires, des conseillers de Paris et des conseillers métropolitains de Lyon, initialement fixé au 22 mars 2020 par le décret n°2019-928 du 4 septembre 2019.

Or, si le parallélisme des formes et des procédures permet à un décret de modifier ce qu'un autre instituait (en l'espèce la date du premier tour et, par voie de conséquence, celle du second), il paraît opportun de rappeler que la temporalité entre les deux tours d'une même élection constitue un impératif législatif résultant de l'article L. 56 du code électoral. Si une dérogation à l'article L. 227 de ce même code, qui prévoit un renouvellement des conseillers municipaux tous les six ans, est effectivement et explicitement prévue au sein de la loi n°2020-290 du 23 mars 2020 d'urgence pour faire face à l'épidémie de Covid-19, aucune dérogation à l'article L. 56 n'est mentionnée. En tout état de cause, celle-ci intervient postérieurement au décret du 17 mars. Dès lors, même rétroactivement, la loi du 23 mars 2020 ne justifie pas la dérogation à l'article L. 56 opérée par le décret du 17 mars. Comme le souligne le magistrat Laurent SEBAG, « *sans cette modification législative de l'article L. 56 du code électoral, le premier tour des élections municipales du 15 mars pour les communes n'ayant pas élu de conseil municipal devait être annulé pour n'être pas suivi d'un second tour le 22 mars* »[290]. Une approche strictement légaliste aurait ainsi pu conduire les juges administratifs qui auraient eu à connaître de ce décret caduc à annuler les élections municipales pour les communes n'ayant pas élu de conseil municipal dès le premier tour, du fait de la déconnexion entre les deux tours. Le juge administratif aurait également pu rétro-valider ce décret en invoquant la théorie des circonstances exceptionnelles.

Par la suite, le premier alinéa du premier paragraphe de l'article 19 de la loi du 23 mars 2020 suscitée a acté le report du second tour en disposant que :

« *Lorsque, à la suite du premier tour organisé le 15 mars 2020 […] un second tour est nécessaire pour attribuer les sièges qui n'ont pas été pourvus, ce second tour, initialement fixé au 22 mars 2020, est reporté au plus tard en juin 2020, en raison des circonstances exceptionnelles*

---

[290] Laurent SEBAG, *Op. cit.*, p. 467.

liées à l'impérative protection de la population face à l'épidémie de covid-19. Sa date est fixée par décret en Conseil des ministres, pris le mercredi 27 mai 2020 au plus tard si la situation sanitaire permet l'organisation des opérations électorales au regard, notamment, de l'analyse du comité de scientifiques institué sur le fondement de l'article L. 3131-19 du Code de la santé publique ».

Ce faisant, le second tour a été reporté à une date incertaine. Suite à cela, le décret du 27 mai 2020[291] est venu parachever le report du second tour en fixant au 28 juin sa date, au visa de la loi du 23 mars 2020. Celui-ci a pu, dans la grande majorité des communes, se tenir à la date prévue.

Toutefois, il s'avère que ce report *« sans précédent dans notre histoire politique contemporaine »*[292] nie l'unité du scrutin (CHAPITRE I), qui implique que les deux tours d'une même élection forment un tout indissociable et conditionne sa sincérité. Si le Conseil constitutionnel admet la méconnaissance de l'unité du scrutin en validant la déconnexion temporelle entre les deux tours (CHAPITRE II), il l'a justifiée par les circonstances environnantes et a souligné son caractère strictement exceptionnel.

---

[291] Décret n° 2020-642 du 27 mai 2020, précité.

[292] CE, Avis sur le projet de loi d'urgence du 18 mars 2020, précité.

CHAPITRE I

L'UNITE DU SCRUTIN NIEE

Le report d'une élection, bien qu'encadré par des principes à valeurs législative et supra-législative, est possible, et même fréquent, en matière de scrutins locaux. Le principal impératif qui encadre les hypothèses de report est le principe constitutionnel de périodicité raisonnable d'exercice du suffrage.

L'encadrement est davantage étroit lorsque le report intervient entre les deux tours d'une élection et qu'il suspend, de ce fait, un processus électoral en cours. En effet, plusieurs principes restreignent considérablement la possibilité de scinder une élection à deux tours, qui forme un tout. Cela conditionne notamment la sincérité et l'unité du scrutin. De même, le report d'un seul second tour de scrutin interroge l'égalité devant le suffrage, du fait de la prorogation des mandats électifs de certains élus.

Le Conseil d'État rappelle d'ailleurs, dans son avis du 18 mars 2020, que « *les exigences constitutionnelles d'égalité devant le suffrage, de sincérité du scrutin ainsi que de périodicité raisonnable d'exercice du suffrage ne peuvent en outre qu'encadrer particulièrement l'hypothèse, inédite dans son principe et dans ses proportions, de suspension d'une élection entre deux tours de scrutin* »[293].

Il a ensuite renvoyé une QPC interrogeant la conformité aux droits et libertés que la Constitution garantit de l'article 19 de la loi du 23 mars 2020, en ce qu'il reporte le second tour des élections municipales après la tenue du premier, tout en maintenant les résultats obtenus.

Selon les requérants à l'origine de la décision n° 2020-849 QPC, « *d'une part, le législateur ne pouvait pas interrompre un processus électoral en cours et aurait donc dû annuler les résultats du scrutin du 15 mars 2020 afin d'organiser de nouvelles élections*

[293] CE, Avis sur le projet de loi d'urgence du 18 mars 2020, précité, pt. 5.

municipales »[294] et « *d'autre part, alors que le scrutin à deux tours formerait un bloc indissociable, ces dispositions permettent que le second tour ait lieu plus de trois mois après le premier tour, ce qui constituerait un délai excessif »*[295].

En outre, les requérants estimaient que la tenue des élections pendant la crise sanitaire était de nature à créer une forte abstention (en méconnaissance des principes de sincérité du scrutin et d'égalité devant le suffrage), que la loi du 23 mars 2020 avait pour effet de valider les résultats du premier tour (en violation du principe de séparation des pouvoirs et de la garantie des droits) et que les élus auraient des dates d'entrée en fonction et des durées de mandats différentes suivant s'ils ont été élus au premier ou au second tour (contrairement à ce qu'implique le principe d'égalité devant le suffrage).

Si les griefs relatifs à l'abstention ont déjà été traités dans la première partie, il convient désormais d'étudier ceux relatifs au report du second tour des élections et à ses conséquences juridiques, tout particulièrement celui implicitement fondé sur l'unité du scrutin.

Dès lors que les deux tours d'une même élection doivent nécessairement être connectés (SECTION I), le report de plus de trois mois survenu entre les deux tours des élections municipales de 2020 méconnaît assurément l'unité du scrutin (SECTION II).

SECTION I. LA NECESSAIRE CONNEXION ENTRE LES DEUX TOURS D'UNE MEME ELECTION

Si l'hypothèse d'un report est possible, voire courante en l'état actuel du droit, elle est circonscrite (I) ; *a fortiori* lorsque le report intervient entre deux tours, en raison du caractère insécable du processus de l'élection (II).

---

294 CC, n° 2020-849 QPC, 17 juin 2020, précitée, §5.

295 CC, n° 2020-849 QPC, 17 juin 2020, précitée, §5.

I. L'hypothèse circonscrite d'un report d'élection

Avant de traiter l'éventualité d'un report du seul second tour d'une élection municipale, la question se pose de savoir si et comment il est possible de reporter une élection locale. Bien que plusieurs principes encadrent une telle hypothèse, le report d'élections locales n'est pas rare.

Trois séries de raisons sont habituellement envisagées pour déroger au calendrier électoral. La raison principale qui conduit le législateur à reporter les rendez-vous électoraux locaux tient essentiellement *« à la concomitance avec d'autres élections »*[296], dont la récurrence s'explique par la coexistence de différentes durées de mandat, qui fait se croiser les scrutins. Le but recherché est soit de rapprocher des élections, afin d'accroître la participation[297] ; soit de séparer des élections, notamment pour éviter qu'elles entrent en concurrence, en vertu de la non simultanéité de principe des élections nationales et locales, qu'un usage dit « *républicain* » du calendrier électoral implique[298]. La justification de la tradition républicaine de non simultanéité réside dans sa finalité, qui consiste à ne pas confondre les enjeux nationaux et locaux, notamment en ne juxtaposant pas les campagnes électorales.

---

296 Michel VERPEAUX, « Le report des élections cantonales et régionales pour cause de crise sanitaire », *La semaine du droit*, n° 12, 22 mars 2021, pp. 559-560.

297 V. en exemple d'application la Loi n° 90-1103 du 11 décembre 1990 organisant la concomitance des renouvellements des conseils généraux et des conseils régionaux.

298 V. en ce sens Yves GAUDEMET, puis refondu par Guy PRUNIER et Stéphane COTTIN, « Élections locales : calendrier de la campagne électorale », *in* : *Encyclopédie des collectivités locales,* Chapitre 1, Folio n° 11310, Dalloz.

V. en exemple d'application la Loi n° 2005-1563 du 15 décembre 2005 prorogeant la durée du mandat des conseillers municipaux et des conseillers généraux renouvelables en 2007.

Dans une telle situation, « *le scrutin national prime sur le scrutin local* »[299].

Outre l'accumulation électorale, la mise en place d'une réforme structurelle peut également justifier un report d'élections. Ce fut le cas à l'occasion de la modification de la carte régionale, laquelle a motivé le second report des élections régionales initialement prévues en 2014, reportées une première fois en mars 2015, puis une nouvelle fois en décembre 2015, en raison de la réforme[300].

S'agissant de la procédure de report, l'article 34 confère au législateur le soin de fixer le régime électoral des assemblées locales et donc, la périodicité afférente. En vertu de l'ordonnance du 8 décembre 2003[301], c'est par un décret pris en Conseil des ministres que la date des élections municipales est fixée et les électeurs convoqués[302]. Conformément au principe de hiérarchie des normes, le décret doit répondre aux exigences législatives, lesquelles prévoient notamment que le mandat dure six ans[303] et que le second tour éventuel a lieu le dimanche qui suit le premier tour[304]. Pour y déroger, le législateur est l'autorité compétente puisque le vote d'une loi est incontournable. En l'absence de dispositions d'urgence dans le droit électoral permettant de reporter une élection plus rapidement que par l'adoption d'une loi, seul le recours à des acrobaties juridiques à l'issue incertaine (telles qu'évoquées en PREMIERE PARTIE) le permet.

---

299 Stéphane COTTIN, Guy PRUNIER, *Op. cit.*, p. 5.

300 Loi du 16 janvier 2015 relative à la délimitation des régions, aux élections régionales et départementales et modifiant le calendrier électoral.

301 Ord. nº 2003-1165 du 8 décembre 2003 portant simplifications administratives en matière électorale.

302 V. en exemple d'application pour les municipales de 2008 le Décret nº 2007-1468 du 15 octobre 2007 fixant la date de renouvellement des conseils municipaux et portant convocation des électeurs.

303 Art. L. 227 du code électoral.

304 Art. L. 56 du code électoral.

Le principe de stabilité intervient également dans l'encadrement d'un report éventuel, dans sa temporalité notamment : l'article L. 567-1 A du code électoral dispose que le régime électoral ne peut pas être modifié durant l'année qui précède le scrutin. Il est toutefois possible d'y déroger pour des motifs d'intérêt général.

Dans l'exercice de sa compétence, le législateur doit lui-même respecter les exigences supra-législatives. A cet égard, la jurisprudence constitutionnelle affirme que les électeurs doivent être appelés à exercer leur droit de suffrage à intervalles réguliers et selon une « *périodicité raisonnable* »[305]. Elle fonde parfois cette exigence sur l'article 3 de la Constitution[306], lequel prévoit, pour rappel, que le suffrage est « *toujours universel égal et secret* ». La périodicité raisonnable étant « *une exigence de démocratie et de liberté du suffrage* »[307], elle pourrait en ce sens également « *trouver son fondement dans l'article 1er de la Constitution affirmant que la République est démocratique* »[308]. Comme le souligne Jean-Pierre CAMBY, l'action politique pourrait être décrédibilisée et irrégulière si les échéances électorales étaient trop éloignées dans le temps. De plus, par essence, le mandat électif suppose un renouvellement régulier[309]. Ainsi, les électeurs doivent se prononcer périodiquement et les mandats ne doivent pas être trop allongés, sous peine d'inconstitutionnalité. Dès lors, les prolongations de mandat doivent être « *exceptionnels et*

---

305 V. par exemple CC, n° 90-280 DC, 6 décembre 1990, *Loi organisant la concomitance des renouvellements des conseils généraux et des conseils régionaux*, cons. 6 ; CC, n° 2013-667 DC, précitée, §62.

306 V. par exemple CC, n° 93-331 DC, 13 janvier 1994, *Loi rétablissant le renouvellement triennal par moitié des conseils généraux*, cons. 7 ; CC, n° 2020-849 QPC, précitée.

307 Michel VERPEAUX, « Le second tour des élections municipales de 2020 a bien eu lieu », *JCP Adm*, 29 juin 2020, n° 26, p. 1189.

308 *Ibidem.*

309 Jean-Pierre CAMBY, « Des "circonstances exceptionnelles" aux "circonstances de l'espèce" : l'abstention, facteur d'annulation ? Le report, facteur de participation ? », *Op. cit.*

transitoires »[310], pour reprendre les termes du Conseil constitutionnel. Par ailleurs, le Conseil constitutionnel promeut les dispositifs qui renforcent *« la confiance des électeurs dans leurs représentants* »[311], dont le renouvellement régulier des élus.

Si le Conseil constitutionnel veille scrupuleusement à la périodicité raisonnable des scrutins, une telle exigence n'a encore jamais justifié de censure de report d'élections. En effet, le législateur peut y déroger en invoquant un motif d'intérêt général[312].

Parmi les autres principes constitutionnels auxquels veille le Conseil constitutionnel lorsqu'il a à connaître d'un report d'élections, figurent en sus de la périodicité raisonnable, le principe de libre administration des collectivités territoriales consacré à l'article 72 de la Constitution, le principe du caractère exceptionnel et transitoire de la prolongation du mandat ainsi que l'absence de confusion dans l'esprit des électeurs.

Outre la réserve relative au respect des principes constitutionnels, le Conseil constitutionnel admet la conformité de reports d'élections uniquement en l'absence d'erreur manifeste par rapport aux objectifs poursuivis. Le report de l'élection doit répondre de façon adéquate au motif (d'intérêt général) qui justifie son report. Ainsi, après avoir vérifié le respect des exigences suscitées, le Conseil constitutionnel vérifie si *« les modifications introduites par la loi ne sont pas manifestement inappropriées aux objectifs que s'est assignés le législateur* »[313].

---

310 CC, n° 90-280 DC, précitée ; CC, n° 96-372 DC, 6 février 1996, *Loi organique relative à la date du renouvellement des membres de l'assemblée territoriale de la Polynésie française* ; CC, n° 2001-444 DC, 9 mai 2001, *Loi organique modifiant la date d'expiration des pouvoirs de l'Assemblée nationale.*

311 CC, n° 2017-753 DC, 8 septembre 2017, *Loi organique pour la confiance dans la vie politique.*

312 CC, n° 2013-667 DC, précitée ; CC, n° 90-280 DC, précitée ; CC, n° 93-331 DC, précitée.

313 CC, n° 96-372 DC, précitée.

En somme, si le report n'est pas inédit, son recours est circonscrit. Il l'est d'autant plus lorsque que le report intervient entre deux tours, en ce qu'il est plus problématique eu égard à l'insécabilité d'une élection.

II. L'insécabilité du processus de l'élection

L'exigence d'insécabilité d'une élection à deux tours se puise dans diverses sources. Premièrement, elle résulte de l'interdépendance des deux tours, dont la jurisprudence, « *suggérant qu'une élection est un processus insécable* »[314], s'est bien saisie. Le Conseil d'État et le Conseil constitutionnel s'accordent sur le fait que seule l'élection est contestable, contrairement au seul tour d'une élection à deux tours. En effet, les protestations portant sur le seul premier tour et sans effet sur le second sont irrecevables[315]. De plus, il est de jurisprudence constante qu'un vice affectant l'un des deux tours de scrutin induit nécessairement l'invalidation de l'autre tour, alors même qu'aucun grief n'est articulé à son encontre[316]. Cela vaut même pour l'annulation du second tour, qui implique nécessairement la réorganisation des deux tours, alors même qu'aucun grief n'est articulé à l'encontre des opérations du premier tour. Il s'agit d'une annulation « *par voie de conséquence* » d'un tour, suite à la décision d'annuler l'autre tour. Il ne peut s'en déduire qu'un « *lien indivisible* » entre les

314 Bruno DAUGERON, « Le report du second tour municipal : analyse juridique contre simplifications médiatiques ? », *Jus Politicum* [en ligne], 30 mars 2020.

315 CE, 11 décembre 1989, *Élections municipales d'Aniche*, n° 107623 ; CE, 22 juin 1990, *Élections municipales de Forbach*, n° 107768 ; CE, 5 septembre 1990, *Élections municipales de La Roque d'Anthéron*, n° 109277.

316 CE, 11 janvier 2002, *Élections municipales de Saint-Pierre,* n° 234948 – En l'espèce, l'annulation du second tour de scrutin a entraîné l'annulation de l'ensemble des opérations électorales ; CE, 11 août 2009, *Élections municipales de la Rivière-Salée,* n° 322619 ; CE, 5 février 1990, *Élections municipales de Livarot*, n°109016.

deux tours, lié au mode de scrutin[317]. Parfois même, certains griefs entachent les deux tours, à l'instar d'un abus de propagande, lequel a logiquement des incidences sur l'ensemble de l'élection.

Deuxièmement, comme le relève le constitutionnaliste Jean-Philippe DEROSIER, il est primordial que les électeurs votent au même « *instant politique* »[318]. En ceci que « *le vote est une démarche éminemment subjective, à partir de l'intime et libre conviction de l'électeur, qu'il se forge jusque dans l'isoloir, grâce à tous les éléments factuels mis à sa disposition* »[319], la temporalité d'entre-deux-tours importe et elle se doit d'être succincte, afin que tous les éléments, facteurs et enjeux qui déterminent le vote du second tour, soient semblables à ceux qui déterminent le vote du premier tour. C'est pour cette raison que l'article L. 56 du code électoral prévoit que le second tour se tient le dimanche qui suit le premier tour. Autrement formulé, pour citer Dominique ROUSSEAU, « *plus l'espace entre les deux tours est grand, plus les conditions et facteurs déterminants de mon vote seront différents. Or, il faut qu'ils soient convergents pour qu'on puisse estimer qu'il s'agit d'une seule élection à deux tours, et non de deux élections différentes* »[320]. Effectivement, en pratique, il apparaît généralement que le vote n'est (malheureusement) pas le fruit d'une réflexion construite largement avant le jour du scrutin ou le début de la campagne. Au contraire, il résulte des circonstances factuelles les plus proches temporellement du jour de l'élection et est finalement relativement aléatoire, dépendant en grande partie des médias ou de la dernière propagande électorale.

---

317 Hervé CAUCHOIS, Jean-Charles SAVIGNAC, *Op. cit.*, p. 254.

318 Pour reprendre l'expression du Professeur Jean-Philippe DEROSIER, employée dans Jean-Philippe DEROSIER, « Deux scrutins à un tour, ou des élections municipales originales, décision n° 2020-849 QPC du 17 juin 2020, M. Daniel D. et autres [Modification du calendrier des élections municipales] », *Op. cit.*

319 *Ibidem.*

320 Dominique ROUSSEAU, propos recueillis par Esther ATTIAS, *Op. cit.*

Il paraît opportun de retranscrire ici l'exemple de l'élection présidentielle de Donald TRUMP aux États-Unis, mobilisé par Jean-Philippe DEROSIER et qui témoigne de l'importance de voter à un « *même instant politique* »[321]. Suite à l'abandon des poursuites à l'encontre d'Hilary CLINTON par le FBI en juillet 2016, de nouveaux éléments de l'affaire la mettant en cause survinrent peu avant le vote. A deux jours du vote, l'abandon des poursuites fut une nouvelle fois confirmé. Toutefois, de nombreux électeurs ont voté avant de savoir que les poursuites étaient de nouveau abandonnées. Même si les informations sont vraies, elles influencent le vote. C'est pourquoi, pour préserver la sincérité du scrutin, les données déterminantes doivent être connues de tous, ce qui implique donc un laps de temps réduit pour voter, et donc également entre les deux tours d'une élection. Dominique ROUSSEAU, entre autres, affirme que l'insécabilité de l'élection conditionne sa sincérité : « *le principe de sincérité du vote impose que les deux tours des élections aient lieu de manière la plus rapprochée possible, pour que les votes du premier et second tour se fassent dans les mêmes cadres politique, économique et informationnel* »[322].

En outre, comme le rappelle Jean-Pierre CAMBY, le code électoral et le juge électoral ont tendance à exclure tout élément de débat nouveau, dans les instants qui précèdent directement le vote[323]. Ainsi, en reprochant le changement de circonstances et l'évolution des conditions de campagnes en cours de consultation survenu lors du scrutin municipal de 2020, il nuance le respect de sa sincérité, alors entendue comme s'étendant aux conditions du choix de l'électeur. Nombreux sont les constitutionnalistes qui se sont accordés

---

321 Jean-Philippe DEROSIER, « Le vote par correspondance : une solution exceptionnelle », *La Constitution décodée* [en ligne], 18 décembre 2020.

322 Dominique ROUSSEAU, propos recueillis par Esther ATTIAS, *Op. cit.*

323 Jean-Pierre CAMBY, « Des "circonstances exceptionnelles" aux "circonstances de l'espèce" : l'abstention, facteur d'annulation ? Le report, facteur de participation ? », *Op. cit.*

sur le caractère insécable de l'élection à l'occasion des élections municipales de 2020.

S'il y a bien un précédent de report d'un seul second tour validé par les Sages, ces derniers ont toutefois fait allusion au caractère insécable de l'élection à cette même occasion. Suite au recours de Paul VERGES, le Conseil constitutionnel a en effet admis le report du second tour des élections législatives à la Réunion. Par un arrêté en date du 10 mars 1973, soit la veille du scrutin, le préfet de la Réunion a reporté le second tour « *aux motifs qu'en raison des pluies diluviennes qui s'abattaient sur le département et de l'interdiction générale de circuler qu'il avait édictée, la sécurité des personnes se rendant dans les bureaux de vote était gravement menacée* »[324]. Un tel décret fut rétro-validé à l'appui des circonstances. Le report de ce second tour en raison de la survenue d'un cyclone a été admis par le Conseil constitutionnel, veillant tout de même à l'absence de manœuvre frauduleuse, à l'absence de modification du sens du scrutin ainsi qu'au fait que le second tour soit reporté à une date ultérieure « *la plus rapprochée possible* »[325]. Cette référence à la date la plus rapprochée possible est sujette à interprétations. En effet, si certains n'y voient pas « *une exigence de la Constitution à travers l'interprétation du Conseil* »[326], il est possible d'y voir l'expression d'une condition et donc, d'une exigence, laquelle renverrait à l'indivisibilité de l'élection.

Tous les opposants à la conception inconstitutionnelle du report du seul second tour des élections municipales s'accordaient sur le fait que si le second tour ne pouvait se tenir en juin, il fallait réorganiser les deux tours de scrutins[327]. Ici réside bien la preuve que tous les spécialistes voient en la déconnexion de deux tours d'une élection, une

---

324 CC, n° 73-603/741 AN, précitée, §14.

325 CC, n° 73-603/741 AN, précitée, §14.

326 Bruno DAUGERON, « Le report du second tour municipal : analyse juridique contre simplifications médiatiques ? », *Op. cit.*

327 V. notamment Didier MAUS, Romain RAMBAUD, cité par Bastien SCORDIA, *Op. cit.*

inconstitutionnalité. La question est alors celle du délai requis pour qualifier la déconnexion.

Enfin, si ce n'est pas la Constitution qui fixe la date d'un scrutin, la sincérité du scrutin figure bien au rang des exigences constitutionnelles. Or, il n'est pas concevable que l'élection puisse être révélatrice de la volonté réelle de l'électeur, si celui-ci s'est prononcé à quinze semaines d'intervalle. Et s'il n'est pas possible de préciser la portée des principes à la place du juge qui les consacre, les Sages ont implicitement reconnu la valeur constitutionnelle de l'unité du scrutin à l'occasion de la QPC n° 2020-849[328]. En effet, le Conseil constitutionnel lui-même a reconnu qu'une suspension du processus d'entre deux tours, pour une durée de plusieurs semaines, méconnaissait le principe d'unité du scrutin, dont la valeur sera analysée ci-après.

SECTION II. UN CAS DE REPORT EN MECONNAISSANCE DE L'UNITE DU SCRUTIN

L'une est avérée, les autres sont légitimement réfutées : il s'agit des atteintes aux principes électoraux, soit l'atteinte principale à l'unité du scrutin, reconnue en l'espèce (I), et les atteintes subséquentes à d'autres principes, écartées (II), c'est-à-dire l'atteinte à l'égalité devant le suffrage, au droit au recours ainsi qu'au principe de stabilité du droit électoral.

I. L'atteinte principale à l'unité du scrutin reconnue

L'idée de la méconnaissance de principes constitutionnels par le report du seul second tour a divisé la doctrine. S'il fut fréquent de lire que le report de mars à juin du second tour ne

---

328 V. en ce sens Jean-Philippe DEROSIER, « Deux scrutins à un tour, ou des élections municipales originales, décision n° 2020-849 QPC du 17 juin 2020, M. Daniel D. et autres [Modification du calendrier des élections municipales] », *Op. cit.*

constitue pas une rupture temporelle[329], il est légitime de voir en ce délai d'entre-deux-tours une atteinte aux principes constitutionnels, à l'instar de Jean-Philippe DEROSIER qui soutient que *« cela fausse alors la sincérité scrutin, qui est un principe constitutionnel, ce qui viole ainsi la Constitution, il n'y a plus deux tours d'une même élection mais, en réalité, deux élections à un tour »*[330].

Certes, il y a des similitudes entre le report du second tour des élections législatives de 1973 à la Réunion, lequel fut jugé conforme par le Conseil constitutionnel, et celui des élections municipales de 2020. Tout d'abord, il s'agit dans les deux cas du report d'un seul second tour, ayant pour origine un événement fortuit et non les causes habituelles de report. Le fait que le report soit intervenu dans l'urgence est une autre particularité commune. En effet, dans le cadre du report du second tour des élections municipales de 2020, les consultations en ce sens furent extrêmement tardives et la question des acteurs à impliquer dans la prise de décision ne fut pas résolue.

Néanmoins, si le cas du report à la Réunion du second tour des élections législatives en 1973 constitue un précédent de report entre deux tours, il se limitait à un report d'une semaine. Or, la loi du 23 mars 2020 susvisée prévoyait un report indéterminé et dépendant de l'évolution de la situation sanitaire : au mieux, le second tour était reporté à juin au plus tard ; au pire, et uniquement pour les communes n'ayant pas élu de conseil municipal au premier tour, les deux tours étaient reportés à une date plus lointaine. La situation n'est donc pas comparable au seul précédent de déconnexion entre les deux tours d'un scrutin, compte tenu de leur étendue temporelle qui diffère considérablement.

Comme le relève Jean-Philippe DEROSIER, espacer les deux tours d'un même scrutin de plus de trois mois « *revient alors à transformer une élection à deux tours en deux élections à un tour,*

---

329 V. notamment Didier MAUS, cité par Bastien SCORDIA, *Op. cit.*

330 Jean-Philippe DEROSIER, cité par Bastien SCORDIA, *Op. cit.*

ce qui fausse la sincérité du scrutin »[331]. Effectivement, les électeurs sont amenés à voter à des « *instants politiques* »[332] différents, déterminés par des facteurs potentiellement différents. En ce sens, le vote des électeurs au second tour peut possiblement être influencé par des faits survenus pendant la longue temporalité qui s'étend entre les deux tours ainsi que par la gestion de crise du maire sortant, maintenu pour une durée encore indéterminée lors de l'adoption de la loi du 23 mars 2020 et fréquemment candidat à sa réélection. À ce titre, le Professeur Jean-Pierre CAMBY s'interroge sur le « *sens* [que] *revêt un vote du premier tour lorsque les circonstances et les campagnes évoluent à ce point en cours de consultation* »[333]. De même, le délai pour constituer les listes contribue à l'insincérité du scrutin, puisque les facteurs déterminants seront différents de ceux du premier tour[334]. Une telle étendue de la temporalité qui espace les deux tours d'un même scrutin pose dès lors de nombreuses questions au regard du respect des principes électoraux, lesquels supposent un encadrement particulier de la suspension d'une élection entre les deux tours de scrutin.

L'éventuelle atteinte à la sincérité du scrutin du fait du report du second tour des élections, alors que le premier a eu lieu et n'a pas été annulé, était l'un des axes d'analyse de la constitutionnalité de ce report, comme le souligne le commentaire de la décision 2020-849 QPC. « *La deuxième notion liée à la liberté est la clarté du vote. Pour l'électeur, la sincérité de son choix ne peut être vérifiée que si la clarté de son choix peut être*

331 Jean-Philippe DEROSIER, « Deux scrutins à un tour, ou des élections municipales originales, décision n° 2020-849 QPC du 17 juin 2020, M. Daniel D. et autres [Modification du calendrier des élections municipales] », *Op. cit.*

332 *Ibidem.*

333 Jean-Pierre CAMBY, « Des "circonstances exceptionnelles" aux "circonstances de l'espèce" : l'abstention, facteur d'annulation ? Le report, facteur de participation ? », *Op. cit.*, p. 15.

334 Dominique ROUSSEAU, propos recueillis par Esther ATTIAS, *Op. cit.*

clairement perçue ».[335] Or, selon les auteurs du commentaire, le principe de sincérité du scrutin, « *qui vise à assurer la clarté du débat électoral et à éviter que les électeurs puissent être trompés dans leurs choix, est mis en cause lorsque les conditions du débat sont susceptibles d'être perturbées par l'interruption des opérations électorales et la dissociation des deux tours qui les constituent* ».

Outre l'altération de la sincérité du scrutin, une déconnexion temporelle excessive entre deux tours d'une même élection soulève des difficultés quant au principe même d'unité des élections. Ce principe s'est dessiné à l'occasion des élections municipales de 2020, même si, comme vu précédemment, il était déjà présent, sans toutefois être nommé. Concernant le report du second tour et le maintien du premier, les requérants ayant soulevé la QPC n° 2020-849 semblaient implicitement se fonder sur le principe d'unité des élections, en estimant que les deux tours d'une même élection sont indissociables et ne peuvent donc pas être excessivement déconnectés temporellement.

Si le Conseil constitutionnel a écarté les griefs relatifs aux principes d'égalité et de périodicité raisonnable, il a expressément admis que les dispositions contestées « *remettent en cause l'unité de déroulement des opérations électorales* »[336] et que « *le législateur ne saurait, sans méconnaître les exigences résultant de l'article 3 de la Constitution, autoriser une telle modification du déroulement des opérations électorales qu'à la condition qu'elle soit justifiée par un motif impérieux d'intérêt général et que, par les modalités qu'il a retenues, il n'en résulte pas une méconnaissance du droit de suffrage, du principe de sincérité du scrutin ou de l'égalité devant le suffrage* »[337]. Ce faisant, le Conseil constitutionnel semble implicitement reconnaître une valeur constitutionnelle à l'unité des élections puisqu'il en reconnaît la méconnaissance et en recherche les

---

335 Richard GHEVONTHIAN, « Propos introductifs : La sincérité : une notion " impressionniste " », *in :* Sophie DE CACQUERAY et al., *Op. cit.*, p. 11.

336 CC, n° 2020-849 QPC, précitée, §21.

337 CC, n° 2020-849 QPC, précitée, §21.

justifications[338]. Dans la décision n° 2020-849 QPC, il semble le rattacher au principe de sincérité du scrutin en tant que celui-ci vise « *à assurer la clarté du débat électoral* », ainsi qu'à « *éviter que les électeurs puissent être trompés dans leurs choix* ».

Une telle méconnaissance de l'unité du scrutin est née du dissensus concernant le report du premier tour, voire du consensus en faveur de son maintien, ainsi que des lacunes du droit électoral qui n'est pas armé pour faire face à un événement fortuit tel qu'une épidémie fulgurante. Le dissensus préalable au premier tour ne peut qu'être déploré au regard de la déconnexion des deux tours qui en a résulté, d'autant que les paramètres à prendre en considération lorsqu'un report est envisagé sont le risque de baisse de participation, le risque pour la santé ainsi que la qualité de la campagne électorale. Tout plaidait donc en faveur d'un report dès le premier tour. Même si le fait d'envisager un report trop en amont aurait pu légitimement être accusé de manœuvres, la situation dans les jours précédents le scrutin auraient dû mener à un report des deux tours, quitte à ce que cela s'établisse au moyen d'acrobaties juridiques.

Au vu de tout ce qui précède, la nécessité d'instaurer une disposition permettant d'adapter le droit électoral en cas d'événement fortuit interroge. En France, il n'y a pas de disposition d'urgence permettant de reporter une élection au dernier moment, comme cela peut être le cas en Allemagne,

---

[338] V. en ce sens : Jean-Philippe DEROSIER, « Deux scrutins à un tour, ou des élections municipales originales, décision n° 2020-849 QPC du 17 juin 2020, M. Daniel D. et autres [Modification du calendrier des élections municipales] », *Op. cit.* : « *Cependant, le Conseil constitutionnel a validé la déconnexion opérée pour les élections municipales de 2020, car elle permet que soit préservée l'expression du suffrage lors du premier tour. Il souligne cependant qu'elle remet* " *en cause l'unité de déroulement des opérations électorales* ", *dont il ne précise pas la valeur constitutionnelle, mais que l'on peut deviner* ».

en Croatie ou en Slovénie par exemple[339]. La seule alternative était alors le recours au droit commun, lequel peut difficilement acter un report rapidement et réagir efficacement à une calamité telle que celle survenue dans la période des élections municipales de 2020. Le Gouvernement aurait pu reporter et faire jouer la théorie des circonstances exceptionnelles, mais une telle hypothèse était politiquement périlleuse.

Pour autant, reporter tardivement et soudainement une élection n'est pas la seule option pour sortir de la crise sans trop impacter la démocratie et ses principes. Topique est l'exemple de la Corée du Sud qui, bien qu'elle dispose d'un article permettant de reporter des élections en cas de désastre naturel[340], a maintenu le scrutin dans des conditions ayant mené à une participation record, en adaptant considérablement les modalités électorales[341].

Suite au report du seul second tour, plusieurs possibilités s'offraient quant au devenir de ces élections. Si aucune n'est pleinement satisfaisante, celle qui déconnecte les deux tours semble la pire. En effet, il aurait été possible de réorganiser les deux tours, au moins là où les élections n'avaient pas été acquises. Cette alternative porte la vertu de ne pas déconnecter les deux tours, mais elle remet en cause

---

339 V. Commission de Venise, *Compilation sur les états d'urgence*, 16 avril 2020, CDL-PI(2020)003 – sur les constitutions qui permettent de repousser les élections en cas de circonstances exceptionnelles, en étendant par exemple la durée des mandats parlementaires, tel qu'en République Tchèque et en Slovénie.

340 Art. 196 du Public Official Election Act de la République de Corée.

341 V. sur ce thème Romain RAMBAUD, « Organiser des élections malgré le Covid-19 : la leçon de la Corée du Sud », 4 mai 2020, *Le blog du droit électoral* [en ligne], 4 mai 2020 – qui fait état du fait que des mesures impressionnantes ont été mises en place dans le but d'endiguer l'épidémie, notamment lors des opérations de vote. Par conséquent, en Corée du Sud, ce n'est pas l'abstention qui a été record, mais la participation. Les citoyens se sont mobilisés pour faire gagner la démocratie contre le virus.

l'expression des citoyens qui se sont déplacés aux urnes le 15 mars 2020. Or, remettre en cause les élections acquises au premier tour soulève également de sérieuses difficultés juridiques. Selon Dominique ROUSSEAU, ce scénario semblait le plus respectueux de l'État de droit, mais le plus délicat d'un point de vue politique, lequel a parfois tendance à prévaloir[342].

Si seuls les électeurs des communes non pourvues de conseil municipal avaient été convoqués à nouveau pour deux tours de scrutin, cela aurait pu être jugé inconstitutionnel. En effet, c'est l'ensemble des élections municipales de 2020 qui auraient pu être considérées nulles et non avenues : « *c'est l'élection elle-même dont la nullité était en cause. Chacun des tours d'une même élection n'a pas d'existence juridique propre puisqu'il s'agit d'un scrutin unique* »[343]. Ainsi, d'aucuns se sont demandé, « *sans attenter au principe constitutionnel d'égalité devant le suffrage, comment annuler certains premiers tours – ceux n'ayant pas abouti à l'élection d'un conseil municipal – sans annuler les premiers tours ayant conduit à l'élection d'un conseil municipal ?* »[344].

Une fois encore, « *ces deux cas de figure démontrent que, pour des raisons constitutionnelles et structurelles, le maintien du premier tour le 15 mars 2020 dans un tel environnement sanitaire était une regrettable erreur* »[345]. En définitive, l'alternative retenue fut de convoquer les électeurs des communes où l'élection n'avait pas été acquise au premier tour, pour un second tour, trois mois plus tard, sous réserve de l'avis du Conseil scientifique.

Outre l'atteinte reconnue à l'unité du scrutin, des atteintes à l'égalité devant le suffrage, au droit au recours ainsi qu'au principe de stabilité du droit électoral furent également soulevées.

---

342 Dominique ROUSSEAU, propos recueillis par Henry SYLVAIN, « Il faut annuler le résultat du premier tour et réorganiser totalement les élections municipales », *Acteurs publics* [en ligne], 18 mars 2020.

343 Laurent SEBAG, *Op. cit.*

344 *Ibidem.*

345 *Ibidem.*

II. Les atteintes subséquentes écartées

Le report du second tour du scrutin pour les communes dans lesquelles l'élection n'a pas été acquise dès le premier tour a été à l'origine d'autres griefs que le seul grief relatif à l'unité de l'élection, notamment vis-à-vis du principe d'égalité devant le scrutin, du droit au recours et du principe de stabilité du droit électoral.

Tout d'abord, l'égalité entre les électeurs fut interrogée non seulement car certains citoyens se sont vus pourvoir un conseil municipal dès le 15 mars 2020, alors que d'autres, bien plus tard seulement. Surtout, les conditions de vote entre tous les électeurs, selon que l'élection a été acquise ou non au premier tour, ne sont pas les mêmes.

Ensuite, l'égalité entre les candidats fut également interrogée, en raison de la campagne électorale du second tour à la durée rallongée, déjà évoquée (V. PREMIERE PARTIE, PREMIER CHAPITRE). De même, l'égalité devant la loi ainsi que l'égalité devant le suffrage entre les candidats fut interrogée du fait de la prorogation des mandats, que la scission de l'élection implique pour une part des élus. En effet, il a déjà été déclaré contraire au principe d'égalité devant la loi le fait de distinguer trois catégories de conseillers départementaux selon la durée de leur mandat[346]. Dans le cadre des élections municipales de 2020, la loi distingue les élus du premier tour de ceux du second. Les conseils municipaux élus le 15 mars se sont installés plus tôt que les équipes municipales des communes où l'élection n'a pas été acquise dès le premier tour, lesquelles verront alors leur mandat raccourci.

Toutefois, le Conseil constitutionnel a précisé à diverses reprises, au moyen d'un considérant devenu habituel, que « *le principe d'égalité ne s'oppose ni à ce que le législateur règle de façon différente des situations différentes ni à ce qu'il déroge à l'égalité pour des raisons d'intérêt général pourvu que, dans l'un et l'autre cas, la différence*

---

[346] CC, n° 90-280 DC, précitée.

de traitement qui en résulte soit en rapport avec l'objet de la loi qui l'établit »[347]. Sans reprendre son considérant habituel portant sur l'égalité de traitement, le Conseil constitutionnel rappelle classiquement qu'une telle égalité ne s'impose qu'en cas de situation égale[348]. Il précise que *« cette différence de traitement repose sur une différence de situation au regard de l'élection et répond directement à la volonté du législateur d'assurer la mise en œuvre des objectifs qu'il s'est fixés en reportant le second tour* »[349].

En outre, à l'occasion d'un contrôle de la loi relative à la date de renouvellement des conseillers municipaux qui reporte les élections de mars à juin 1995 avec un renouvellement général maintenu à mars 2001, le Conseil constitutionnel a jugé qu' : « *il résulte des dispositions constitutionnelles, ci-dessus rappelées (art. 3, 12, 24 et 72) que le législateur, compétent pour fixer les règles concernant le régime électoral des assemblées locales, peut, sous réserve du respect des dispositions et principes de valeur constitutionnelle, librement modifier ces règles ; que la Constitution ne confère pas au Conseil constitutionnel un pouvoir général d'appréciation et de décision identique à celui du Parlement ; qu'il ne lui appartient donc pas de rechercher si les objectifs que s'est assignés le législateur auraient pu être atteints par d'autres voies, dès lors que les modalités retenues par la loi ne sont pas manifestement inappropriées à ces objectifs* »[350].

Dès lors, il y a non seulement un contrôle réduit sur l'action du législateur – classique en matière électorale –, mais il y a également une application limitée du principe d'égalité. De ce fait, puisque la différence de durée de mandat est inhérente à la différence de situation au regard de l'élection, elle n'est donc pas inconstitutionnelle.

---

347 V. par ex. CC, n° 2018-738 QPC, 11 octobre 2018, *M. Pascal D. [Absence de prescription des poursuites disciplinaires contre les avocats]*, cons. 7 ; CC, n° 90-280 DC, précitée ; CC, n° 93-331 DC, précitée.

348 CC, n° 2020-849 QPC, 17 juin 2020, précitée, §30.

349 *Ibidem.*

350 CC, n° 94-341 DC, 6 juillet 1994, *Loi relative à la date du renouvellement des conseillers municipaux*, §5.

Si ce moyen d'inconstitutionnalité fut écarté, il en va de même du moyen relatif au droit au recours et à la séparation des pouvoirs également invoqués dans le cadre de la QPC n° 2020-849. En effet, concernant l'invocation d'une validation des résultats du premier tour des élections municipales par la loi du 23 mars 2020, le Conseil constitutionnel relève, assez logiquement, que cette loi « *se borne à préciser que ni le report du second tour au plus tard en juin 2020 ni l'éventuelle organisation de deux nouveaux tours de scrutin après cette date n'ont de conséquence sur les mandats régulièrement acquis dès le premier tour organisé le 15 mars 2020* »[351]. Dès lors, cette loi valide certes la tenue du premier tour des élections le 15 mars 2020, mais elle ne valide pas les résultats de ces élections qui peuvent alors toujours être contestées devant le juge de droit commun des élections municipales. Pour l'exprimer autrement, le Conseil constitutionnel a « *de manière générale et sans se prononcer sur les différents contentieux, procédé à la validation, sinon des résultats du premier tour du 15 mars 2020, du moins de son existence* »[352]. La séparation des pouvoirs, la garantie des droits, la sincérité du scrutin et l'égalité devant le suffrage n'ont ainsi pas été méconnus par cette disposition.

Enfin, l'atteinte au principe de stabilité des élections a elle aussi été invoquée. En estimant que le législateur ne pouvait modifier le calendrier électoral entre les deux tours d'une même élection, les requérants semblent se fonder sur la nécessaire stabilité des élections et la connaissance préalable de leur déroulement.

Si la question de la valeur du principe de stabilité des élections n'est pas nouvelle, elle mérite quelques brefs développements. Lors de la décision n°2008-563 DC du 21 février 2008, la question de la possibilité de modifier des règles électorales l'année qui précède un scrutin, et *a fortiori* lorsque

---

351 CC, n° 2020-849 QPC, 17 juin 2020, précitée, §33.

352 Michel VERPEAUX, « Coronavirus – Le second tour des élections municipales de 2020 a bien eu lieu – Libres propos par Michel Verpeaux », *Op. cit.*, p. 785.

le processus électoral a débuté, a été posée. Si pour les requérants il existe une « *tradition républicaine en vertu de laquelle les règles électorales ne pourraient être modifiées dans l'année qui précède un scrutin et, a fortiori, lorsque le processus électoral a débuté* »[353], qui aurait acquis valeur de principe fondamental reconnu par les lois de la République, le Conseil constitutionnel considère ce principe simplement comme une tradition dénuée de force obligatoire. Au contraire, il relève que cette tradition n'est pas consacrée par une loi antérieure à la Constitution de 1946 et que diverses lois ont déjà modifié des règles électorales durant l'année précédant le scrutin. Toutefois, il est notable que traditionnellement la modification du calendrier électoral s'effectue avant le premier tour des élections, sous le contrôle du Conseil constitutionnel qui veille au respect du droit de suffrage découlant de l'article 3 de la Constitution et qui implique une « *périodicité raisonnable* »[354] entre les élections.

---

353 CC, n° 2008-563 DC, 21 février 2008, *Loi facilitant l'égal accès des femmes et des hommes au mandat de conseiller général.*

354 Pour la première consécration du principe de périodicité raisonnable des élections, V. CC, n° 90-280 DC, précitée, §8 : « *Considérant que le législateur, compétent pour fixer les règles concernant le régime électoral des assemblées locales peut, à ce titre, déterminer la durée du mandat des élus qui composent l'organe délibérant d'une collectivité territoriale ; que, toutefois, dans l'exercice de cette compétence, il doit se conformer aux principes d'ordre constitutionnel, qui impliquent notamment que les électeurs soient appelés à exercer selon une périodicité raisonnable leur droit de suffrage* ».

Pour la reconnaissance de l'article 3 de la Constitution en tant que fondement du principe de périodicité raisonnable, V. CC, n° 93-331 DC, précitée, §7.

Pour des développements sur les fondements du principe de périodicité raisonnable, V. Michel VERPEAUX, « Coronavirus – Le second tour des élections municipales de 2020 a bien eu lieu – Libres propos par Michel Verpeaux », *Op. cit.*, p. 784 – il estime que si les références à l'article 3 de la Constitution et à l'article 6 de la DDHC sont justifiées, elles pourraient être complétées par une référence à l'article 1er de la Constitution relatif au caractère démocratique de la République française, dans la mesure où, selon l'auteur, la périodicité raisonnable est « *aussi et surtout, une exigence démocratique et de liberté du suffrage* ».

Exceptionnellement, et dès lors que le principe de stabilité des élections n'est qu'une « *tradition républicaine* », il est possible de modifier le calendrier électoral ; même entre deux tours s'il s'agit de répondre à des circonstances exceptionnelles. À titre illustratif, peut être évoquée l'admission du report du second tour des élections législatives à la Réunion.

CHAPITRE II

LA DECONNEXION TEMPORELLE VALIDEE

À l'occasion de la QPC n° 2020-849, le Conseil constitutionnel s'est prononcé sur le report du seul second tour à une date incertaine. En effet, la deuxième branche de cette QPC portait sur la déconnexion entre les deux tours qui, selon les requérants, vicierait l'égalité, la clarté, et – implicitement – l'unité du scrutin. La question de savoir si un scrutin pouvait être remis en cause dans sa globalité après qu'il se soit tenu était inédite.

La décision du Conseil constitutionnel reprend largement l'avis du Conseil d'État du 18 mars 2020. Dans cet avis, le Conseil d'État s'était prononcé en faveur du report du seul second tour, estimant qu' « *aucune norme de valeur supra-législative ne l'interdit en soi* ». Il y précisait « *qu'une mesure de suspension et de report d'un deuxième tour de scrutin n'est admissible que dans des cas exceptionnels, pour des motifs d'intérêt général impérieux et à la condition que le report envisagé ne dépasse pas, eu égard aux circonstances qui le justifient, un délai raisonnable* ». Il en conclut qu'un report de trois mois restait proportionné au contexte ainsi qu'au but recherché, tout en précisant que « *[...] si la crise persiste à cette échéance, contraint à prolonger les mesures d'urgence sanitaire et rend impossible l'organisation du deuxième tour avant l'été, il appartiendra aux pouvoirs publics de reprendre l'ensemble des opérations électorales dans les communes où les conseils municipaux sont incomplets* ». Cette réserve a été reprise par l'article 19 de la loi du 23 mars 2020, de même que, globalement, l'ensemble du raisonnement de l'avis du Conseil d'État.

Dans la décision n° 2020-849 QPC, le Conseil constitutionnel ne censure pas l'article 19 de la loi du 23 mars 2020, mais il reconnaît toutefois que le report du seul second tour porte atteinte à l'unité du déroulement des opérations électorales.

Par cette décision, il pose les conditions pour déroger au principe d'unité des opérations électorales : elles consistent en la présence de motifs impérieux d'intérêt général ainsi qu'en l'adaptation des modalités de report aux principes constitutionnels. Il les considère réunies en l'espèce. De même, il justifie sa décision de conformité par les faits préexistants à sa saisine et la préservation de certains principes constitutionnels également en jeu. Ainsi, les Sages du Palais-Royal admettent bien que la loi du 23 mars 2020 porte atteinte à l'unité des élections en organisant un report de trois mois du second tour, mais n'estiment pas cette atteinte inconstitutionnelle du fait de ses justifications.

Cette décision met fin à l'insécurité juridique issue de la dissociation des deux tours d'une élection. Jusque-là en effet, l'incertitude planait quant au devenir de ces élections. Toutefois, si cette décision a la vertu d'avoir mis fin à une longue période d'insécurité juridique relative aux élections, elle admet les conditions chaotiques du premier tour, en ne retenant pas l'insincérité générale du scrutin et en renvoyant au juge de l'élection de l'apprécier en tenant compte des circonstances d'espèce, et elle admet également la déconnexion entre les deux tours. Or le Conseil constitutionnel est le dernier rempart des libertés et de la démocratie. S'il a admis cette déconnexion, il l'a justifiée par les circonstances et la préservation de l'expression du suffrage, ne manquant pas de souligner son caractère tout à fait exceptionnel. Ainsi la décision du Conseil constitutionnel est-elle à la fois multiplement justifiée (SECTION I) et tout à fait exceptionnelle (SECTION II).

SECTION I. UNE DECISION AUX JUSTIFICATIONS MULTIPLES

Aux raisons explicitement prétendues par le Conseil constitutionnel ayant mené à la décision de conformité, s'additionnent des raisons rationnellement présumées. Ainsi, la décision est justifiée autant qu'elle se justifie. Exprimé autrement, elle est aussi bien circonstanciée (I) que circonstancielle (II).

I. Une décision circonstanciée

Circonstanciée tout d'abord, la décision 2020-849 QPC du 17 juin 2020 le reconnaît explicitement. En ce sens, le Conseil constitutionnel admet que le choix du maintien du premier tour de scrutin avait été opéré avant que le législateur n'intervienne et, évidemment, avant que le Conseil ne soit saisi. Une fois le premier tour maintenu, « *aucune des solutions envisagées n'[était] pleinement satisfaisante au regard du droit usuel des élections* »[355]. L'enjeu n'était alors pas de trouver une solution idéale, mais une solution qui permette de concilier les droits et libertés que la Constitution garantit avec les circonstances de fait préexistantes. Dès lors que « *le Conseil n'a pas le pouvoir d'effacer ce qui a été fait* »[356], il lui appartenait de veiller à la préservation de l'expression du suffrage lors du premier tour, d'autant que le seul premier tour a suffi pour renouveler intégralement trente mille cent quarante-trois conseils municipaux sur les trente-cinq mille soixante-cinq à élire[357].

Dans la mesure où « *aucun principe constitutionnel n'est absolu* »[358], les Sages du Palais-Royal ont opéré une sorte de bilan coût-avantage, une mise en balance des intérêts et principes en présence, afin de déterminer si l'atteinte à l'unité

---

355 Bruno DAUGERON, « Le report du second tour municipal : analyse juridique contre simplifications médiatiques ? », *Op. cit.*

356 Michel VERPEAUX, « Coronavirus – Le second tour des élections municipales de 2020 a bien eu lieu – Libres propos par Michel Verpeaux », *Op. cit.*, p. 784.

357 CE, avis du 18 mars 2020 sur le projet de loi d'urgence, précité, p. 1.

358 Pierre-Yves GAHDOUN, « Le motif d'intérêt général « impérieux » gagne du terrain. Conseil constitutionnel, décision n°2020-849 QPC du 17 juin 2020, M. Daniel D. et autres [Modification du calendrier des élections municipales] », *Titre VII*, Chronique de droit public (janvier 2020 à juin 2020), n°5, octobre 2020.

des élections rendait pour autant la loi du 23 mars 2020 inconstitutionnelle, eu égard notamment à la préservation permise de l'expression du suffrage.

L'enjeu de préservation du suffrage constitue le fondement principal de l'admission de la déconnexion temporelle entre les deux tours. En effet, le Conseil constitutionnel énonce clairement que « *les dispositions contestées suspendent les opérations électorales postérieurement à la tenue du premier tour et reportent l'organisation du second tour. Si elles remettent en cause l'unité de déroulement des opérations électorales, elles permettent, contrairement à une annulation du premier tour, de préserver l'expression du suffrage lors de celui-ci* ». C'est donc la volonté de respecter le choix opéré par l'électeur qui justifie la dissociation. Or, ne pas sanctuariser les résultats obtenus au premier tour reviendrait à annihiler les suffrages exprimés conformément aux règles.

Les deux sens de décision, soit la censure et la conformité, étaient envisageables dans la mesure où juridiquement, toute alternative quant au devenir de ces élections se heurtait frontalement à des principes constitutionnels, plus ou moins précis et reconnus. La question duquel faire prévaloir était alors la question que les Sages ont dû trancher.

Ainsi, la préservation de l'expression du suffrage paraît être aussi bien une vertu, qu'un prétexte. En effet, sa prévalence sur l'unité et la sincérité du scrutin interroge, dès lors que ce principe n'était pas préalablement et explicitement consacré. Or, ceci laisse supposer sa moindre valeur[359]. Et s'il est vrai qu'il aurait été délicat d'annuler les résultats obtenus au premier tour, il en va de même, voire davantage, de déconnecter les deux tours de scrutin.

De plus, au même titre que pour l'unité du scrutin, l'élection aurait pu être remise en cause en présence de motifs impérieux d'intérêt général, en lieu et place de l'unité du scrutin. En d'autres termes, il était possible de déroger à la préservation de l'expression du suffrage pour les mêmes

---

359 Laurent SEBAG, *Op. cit.*, p. 469.

raisons qu'il fut dérogé à l'unité des opérations électorales. Tout est une question de choix, de point de vue, s'agissant de la valeur conférée aux principes.

Aussi et surtout, le Conseil constitutionnel semble fonder sa décision sur la préservation de l'article 3 de la Constitution[360]. Si la décision déclare conforme l'article 19 au visa de l'article 3 de la Constitution, il est vraisemblable qu'une telle décision malmène cet article plus qu'elle ne le préserve. En d'autres termes, le Conseil constitutionnel prétend défendre l'article 3 en jugeant les dispositions constitutionnelles, alors qu'en analysant davantage, le sens de la décision lui porte objectivement atteinte. D'aucuns y verront « *qu'elle sert de paravent au législateur pour asseoir illusoirement le report du second tour sur une base constitutionnelle* »[361].

Le juge constitutionnel justifie également sa décision par les mesures prises afin d'endiguer l'épidémie et l'abstention. Parmi ces mesures, il évoque la subordination de la tenue du scrutin à l'avis du Conseil de scientifiques, les mesures concrètes prises lors de la campagne électorale et des opérations de vote (telles qu'évoquées en PREMIERE PARTIE). Ces mesures servent d'argument à justifier le sens de sa décision, en ce qu'elles auraient permis de préserver au mieux les principes électoraux en cause.

En outre, le Conseil constitutionnel justifie l'admission du report du seul second tour à une date relativement lointaine et non définitive par la présence de motifs impérieux d'intérêt général, sur lesquels le présent ouvrage reviendra (V. la SECTION II. du présent CHAPITRE).

En somme, l'atteinte à l'unité des opérations électorales est justifiée par l'enjeu de préservation du suffrage et les mesures mises en œuvre. Elle l'est également par la présence de motifs impérieux d'intérêt général. La vertu de la préservation d'expression du suffrage est mitigée. Peut-être est-elle un

---

360 *Idem*, p. 470.

361 Laurent SEBAG, *Op. cit.*, p. 470.

prétexte, au vu de tous les enjeux sous-jacents à la décision qui convergent vers une décision de conformité et dont le juge avait probablement bien conscience lors de sa prise de décision.

II. Une décision circonstancielle

Circonstancielle ensuite, la décision l'est vraisemblablement. Si en droit, le sens de la décision n°2020-849 QPC malmène les principes de sincérité et d'unité du scrutin, « *en pratique, la remise en cause des élections municipales de 2020, le 17 juin, aurait été une catastrophe sur le plan institutionnel, politique et sanitaire* »[362], voire plus encore, au regard des répercussions économiques et démocratiques. Outre les considérations purement juridiques – relatives notamment à la préservation de l'expression du suffrage –, il paraît évident que le Conseil constitutionnel a pris sa décision en tenant compte de considérations plus factuelles, dont les enjeux sont indéniables. Effectivement, bien que cela ne transparaisse pas au travers de sa décision fondée exclusivement en droit, les membres du Conseil constitutionnel ne pouvaient ignorer les lourds enjeux à terminer le processus électoral. En d'autres termes, la conscience des répercussions d'une censure a sûrement pesé dans la balance du juge constitutionnel, et ne pouvait à tout le moins pas être totalement absent de son esprit conciliateur. Ainsi les conséquences d'une censure ont-elles contribué à l'admission de la méconnaissance de l'unité du scrutin, pourtant de nature à justifier, juridiquement, une censure de la loi du 23 mars 2020. Cette décision paraît dès lors être une décision d'opportunité, tant au regard des conséquences prévisibles d'une censure, qu'au regard du contexte et de l'élaboration de la loi du 23 mars 2020.

Tout d'abord, il est notable que le Conseil constitutionnel a jusqu'alors semblé soucieux de ne pas envenimer la crise.

---

362 Romain RAMBAUD, « Élections municipales : le Conseil constitutionnel valide la loi du 23 mars 2020 », *Op. cit.*, p. 1680.

Les conséquences politiques d'une censure, telle une remise en cause des choix du Gouvernement qui fut risquer la vie des électeurs et membres des bureaux de vote alors que tout poussait à reporter le premier tour dans les jours précédant le scrutin, ont été ainsi évitées.

Parmi les nombreux autres facteurs rendant difficilement envisageable une censure de l'article 19 dont le juge a probablement tenu compte, il y a le fait que la loi du 23 mars 2020 soit le fruit d'un consensus politique et parlementaire construit en commission mixte paritaire. Cela est très important d'un point de vue des standards internationaux, de surcroît en période de crise[363]. L'objet même de la loi du 23 mars est de marquer ce consensus contribuant à sortir de la crise.

Dans un « *double contexte de circonstances exceptionnelles et de consensus parlementaire* »[364], il est compréhensible que le Conseil constitutionnel ne se substitue pas au législateur ; quand bien même le rôle des Sages consiste à veiller à ce que celui-ci n'outrepasse pas les limites que lui pose la norme suprême. S'il n'a pas repris son considérant usuel en matière de vie politique selon lequel il ne « *dispose pas du même pouvoir d'appréciation que le Parlement* », le Conseil constitutionnel s'autolimite fréquemment, particulièrement lorsqu'il a à connaître de lois électorales[365].

De plus, le moment auquel le Conseil constitutionnel s'est prononcé influence nécessairement la prise de décision. L'issue qu'aurait pu retenir le Conseil constitutionnel interroge, dès lors que censurer la loi du 23 mars 2020 et ne

---

363 V. par ex. Romain RAMBAUD, « Quand faut-il déconfiner les élections municipales ? Les enseignements du droit comparé pour la France », *Le blog du droit électoral* [en ligne], 11 mai 2020.

364 Romain RAMBAUD, « Loi Covid 19 et élections : le Parlement trouve un consensus ! », *Le blog du droit électoral* [en ligne], 22 mars 2020.

365 Cette manifestation de la volonté de respecter la marge de manœuvre qui n'est pas la sienne s'est par exemple retrouvée lors de la validation du seuil de 5% des suffrages pour les élections européennes : CC, n° 2019-811 QPC, précitée.

pas valider la déconnexion revenait à annuler les résultats du premier tour qui s'était tenu le 15 mars, alors que le Conseil constitutionnel statuait le 17 juin. En ce sens, la décision 2020-849 QPC valide, le 17 juin 2020, l'article 19 de la loi du 23 mars 2020 prévoyant le report du second tour, c'est-à-dire plus de deux mois après la décision de report et seulement onze jours avant la tenue du second tour. Cette décision intervient certes très tôt du point de vue des délais contentieux, mais à la fois extrêmement tardivement du point de vue des échéances électorales. Le Conseil constitutionnel ne pouvait toutefois se prononcer avant, en l'absence – regrettable – de saisine *a priori*, et au vu des étapes à franchir pour arriver au prétoire du juge constitutionnel dans le cadre d'un contrôle *a posteriori*. La tardiveté du point de vue des échéances électorales a fort probablement pesé dans la balance du juge, dès lors qu'il aurait été très délicat d'annuler la tenue d'un scrutin à onze jours de celui-ci, et alors que de nombreux conseils municipaux étaient déjà installés. En effet, censurer la tenue d'un scrutin juste avant celui-ci est extrêmement délicat et engage une grande responsabilité, mettant en jeu des considérations tant financières qu'organisationnelles.

Une saisine automatique en matière électorale est à interroger, puisque ce n'est pas la première fois que le Conseil constitutionnel intervient tardivement, si ce n'est *a posteriori* de la tenue du scrutin, tel que ce fut le cas lors du contrôle de la loi portant sur le seuil de 5% des suffrages pour les élections européennes. Dans un tel cas de figure, la censure est extrêmement délicate. Au demeurant, nul ne sait ce qu'il serait advenu d'une abrogation de la loi objet du contrôle de constitutionnalité.

Le risque de la censure, laquelle impliquerait de réorganiser l'ensemble des opérations électorales, est financier. A cet égard, tout d'abord, le coût d'une élection est conséquent : il est estimé à environ quatre-vingt millions d'euros[366]. Ce montant représente un grand coût pour l'État qui assume de lourdes charges d'organisation et rembourse celles des candidats et des communes[367].

Toujours dans l'aspect financier, il y a le coût qu'une élection représente pour les candidats et ses conséquences démocratiques, sous le prisme du pluralisme. En premier lieu, la part de frais remboursée aux candidats ayant obtenu 5% des suffrages exprimés, en comparaison avec celle qu'ils engagent pour mener leur campagne électorale – très onéreuse, même à l'échelon municipal – est minime[368]. Pis, en second lieu, l'État ne prend rien en charge pour les listes n'ayant pas obtenu les 5% des suffrages nécessaires au remboursement de leurs frais. Très logiquement, ces nombreuses *petites* listes n'auraient pas pu financer une seconde campagne quelques mois après la première, s'il le premier tour des élections municipales avait été annulé. Par conséquent, elles auraient *de facto* été exclues du jeu démocratique[369]. En troisième et dernier lieu, la validation de la tenue du premier tour permet de rembourser une part des frais de campagne électorale des candidats ayant obtenu plus de 5% des suffrages exprimés, sans difficulté et une seule fois. Ainsi, si une réorganisation complète des élections était préférable afin de ne pas en

366 Bastien SCORDIA, « Un nouveau report des élections municipales coûterait 80 millions d'euros », *Acteurs publics* [en ligne], 28 mai 2020 ; Hervé CAUCHOIS, Jean-Charles SAVIGNAC, *Op. cit.*, p. 120 : par exemple, les élections municipales de 2014 ont couté 3,10 € par électeur et 2,16 € par habitant, contre 2,53 € par électeur et 1,75 € par habitant en 2010 ; la population ayant augmenté entre les deux scrutins municipaux de 2,92% et de 3,5% d'électeurs, et le coût de l'élection de 23%.

367 V. en ce sens Hervé CAUCHOIS, Jean-Charles SAVIGNAC, *Op. cit.*, p. 219.

368 V. en ce sens Yves GAUDEMET, *Les élections locales*, *Op. cit.*, p. 182.

369 Jean-Philippe DEROSIER, « Deux scrutins à un tour, ou des élections municipales originales, décision n° 2020-849 QPC du 17 juin 2020, M. Daniel D. et autres [Modification du calendrier des élections municipales] », *Op. cit.*

dissocier temporellement les deux tours, elle n'aurait matériellement pas permis à de nombreuses listes de se présenter de nouveau et aurait engendré d'autres désagréments d'ordre financier. Seul un report avant le premier tour aurait permis de préserver à la fois la démocratie, sécurité des électeurs et finances. Cette solution ayant été exclue, le Conseil constitutionnel ne pouvait qu'entériner le premier tour et admettre un report du second.

En outre, en sus de cheminer vers une sortie de crise sanitaire et institutionnelle, la déclaration de conformité permet également de cheminer vers une sortie de la crise économique. Comme le relève le Professeur Jean-Philippe DEROSIER, « *les communes, grâce à leur part active dans la commande publique, sont des acteurs essentiels de la relance économique* »[370]. Or, l'économie n'attend qu'à être relancée et donc, à ce que les équipes municipales soient installées, afin que l'action politique locale ne soit pas figée aux affaires courantes.

Censurer les dispositions en cause reviendrait à annuler massivement les élections, mais pas seulement : un report au-delà du mois de septembre aurait induit un report des élections sénatoriales. En effet, le collège électoral sénatorial n'aurait pas été renouvelé dans une telle hypothèse. Or, un report des élections sénatoriales suppose une loi organique et donc, un accord du Sénat. « *Ce dernier [aurait] donc [détenu] la clef de la nouvelle date de son propre renouvellement, mais aussi de celle des élections municipales ainsi reportées, l'une n'allant pas sans l'autre* »[371].

En tout état de cause, aucune des alternatives n'étant pleinement respectueuse des exigences constitutionnelles suite à la tenue du premier tour le 15 mars 2020, les risques que comportent une censure n'a pu qu'influer sur la décision. C'est la solution qui paraît être la moins *nocive* du point de vue des enjeux annexes aux enjeux juridiques qui a été rétro-validée.

---

370 *Ibidem.*

371 Jean-Philippe DEROSIER, « Assumer pour avancer », *La Constitution décodée* [en ligne], 18 mai 2020.

Compte tenu de tous les éléments susvisés – qui ne constituent ni plus ni moins que les conséquences inéluctables d'une censure de la loi –, le Conseil constitutionnel paraît avoir été en quelque sorte *contraint* dans sa décision de conformité. Celle-ci semble résulter non seulement de l'insatisfaction inévitable au regard des exigences constitutionnelles, de l'impossibilité d'organiser, depuis le choix du maintien du premier tour, un scrutin conforme aux exigences constitutionnelles ; mais également de toutes ces considérations extra-juridiques, ces circonstances d'espèces, lesquelles ne laissaient pas place à la censure et contribuent donc à expliquer le sens de la décision et notamment, la prévalence de la préservation de l'expression du suffrage sur les autres principes en cause.

Comme le Conseil constitutionnel semble s'être autolimité dans la censure, – laquelle serait un « *séisme total* »[372] –, il paraît légitime de se soucier de la valeur de la déclaration de constitutionnalité de la loi du 23 mars 2020, dès lors que matériellement et politiquement le Conseil n'avait d'autre choix afin de préserver, au mieux, le pluralisme (*cf.* SECTION II., II., du présent CHAPITRE).

Une fois encore, le regret de ne pas avoir reporté les élections avant la tenue du premier tour, alors même que tout laissait présager une crise d'une telle ampleur, resurgit.

SECTION II. UNE DECISION TOUT A FAIT EXCEPTIONNELLE

L'exigence d'un motif impérieux d'intérêt général (I) pour justifier la validation du dispositif souligne le caractère tout à fait exceptionnel de la décision n° 2020-849 QPC ; de même que l'étroitesse de l'examen des conditions de report

---

372 Romain RAMBAUD, « Élections municipales : le Conseil d'État saisit le Conseil constitutionnel de la loi d'urgence pour faire face à l'épidémie de Covid-19 ! », Le blog du droit électoral [en ligne], 26 mai 2020.

(II), qui sont si strictes qu'elles ne peuvent que témoigner du caractère exceptionnel de la décision.

I. Un motif impérieux d'intérêt général exigé

Si dès le début de sa démonstration relative au report du second tour des élections municipales le Conseil constitutionnel rejette l'idée d'une annulation du premier tour, il pose tout de même deux conditions cumulatives sans lesquelles un tel report méconnaîtrait les exigences résultant de l'article 3 de la Constitution. Pour reprendre ses termes, le législateur ne saurait « *autoriser une telle modification du déroulement des opérations électorales qu'à la condition qu'elle soit justifiée par un motif impérieux d'intérêt général et que, par les modalités qu'il a retenues, il n'en résulte pas une méconnaissance du droit de suffrage, du principe de sincérité du scrutin ou de l'égalité devant le suffrage* »[373]. Bien que la dernière série de conditions soit relativement classique en matière électorale, le recours à la notion de motif impérieux d'intérêt général est exceptionnel.

En effet, dans la décision n° 2020-849 QPC, le contrôle n'est ni *restreint* – comme habituellement en matière électorale –, ni même *normal* – comme il peut l'être à l'occasion du contrôle de modifications du calendrier électoral – ; le Conseil constitutionnel n'exigeant ni la présence d'un *simple* motif d'intérêt général, ni celle d'un motif d'intérêt général *suffisant.* En l'espèce, le Conseil constitutionnel recherche la présence d'un motif *impérieux* d'intérêt général, seul à même de justifier une entorse aux principes constitutionnels en cause. C'est-à-dire qu'il outrepasse le contrôle normal pour arriver à un contrôle d'une intensité apparente exceptionnelle ; puisqu'il va non seulement apprécier le contenu du motif, mais également apprécier si celui-ci est plus fort qu'un motif d'intérêt général *suffisant.*

---

[373] CC, n° 2020-849 QPC, 17 juin 2020, précitée, §21.

La jurisprudence constitutionnelle a déjà recherché des motifs impérieux, dès 2014[374]. Néanmoins, cela était jusqu'alors exclusivement réservé aux validations législatives, entendues comme les modifications rétroactives d'une règle de droit par le législateur. L'exigence de motifs impérieux d'intérêt général se révèle assez stricte, « *le Conseil constitutionnel n'hésitant pas à censurer des dispositions rétroactives qui ne sont pas justifiées par un tel motif* »[375]. L'invocation de motifs de cette nature est directement issue de la Cour européenne des droits de l'homme[376].

Ainsi en l'espèce, pour déroger aux droits et libertés en cause, les motifs d'intérêt général le justifiant ne pouvaient qu'être impérieux. De plus, ceux-ci s'apprécient « *au regard de principes forts, car ils touchent à l'essence de la démocratie* »[377]. Pour reprendre les termes du commentaire de la décision, cette exigence résulte de la volonté d'éviter d'éventuelles « *manipulations* » de la part des pouvoirs publics :

« *Compte tenu de la perturbation que le report du second tour d'un scrutin en cours peut potentiellement entraîner sur l'ensemble du processus électoral et des risques de manipulation attachés à une telle décision (dans*

---

374 CC, n° 2013-366 QPC, 14 février 2014, *SELARL PJA, ès qualités de liquidateur de la société Maflow France [Validation législative des délibérations des syndicats mixtes instituant le « versement transport »]* ; Pour être exhaustif, le Conseil constitutionnel avait en réalité employé cette expression en 1989, toutefois sans y accorder une particulière attention : CC, n° 89-256 DC, 25 juillet 1989, *Loi portant dispositions diverses en matière d'urbanisme et d'agglomérations nouvelles.*

375 Jean-Philippe DEROSIER, « Deux scrutins à un tour, ou des élections municipales originales, décision n° 2020-849 QPC du 17 juin 2020, M. Daniel D. et autres [Modification du calendrier des élections municipales] », *Op. cit.*

376 V. en ce sens *Ibidem.* ; Pierre-Yves GAHDOUN, « Le motif d'intérêt général « impérieux » gagne du terrain. Conseil constitutionnel, décision n°2020-849 QPC du 17 juin 2020, M. Daniel D. et autres [Modification du calendrier des élections municipales] », *Op. cit.*

377 Jean-Pierre CAMBY, « Des "circonstances exceptionnelles" aux "circonstances de l'espèce" : l'abstention, facteur d'annulation ? Le report, facteur de participation ? », *Op. cit.*

l'hypothèse, par exemple, où une majorité parlementaire déciderait de modifier un processus électoral qui lui serait défavorable), les circonstances qui motivent ce report ne peuvent être que très restreintes. Ainsi, à la différence de sa jurisprudence relative aux adaptations du calendrier électoral ou aux modifications des durées de mandats électifs, pour lesquelles un motif d'intérêt général "simple" peut suffire, le Conseil constitutionnel a exigé ici un motif impérieux d'intérêt général. »

Le soin porté à éviter de tels actes implique logiquement un contrôle approfondi, lequel explique sûrement l'absence du considérant habituel du Conseil constitutionnel en matière politique et particulièrement électorale, selon lequel il « *ne dispose pas d'un pouvoir général d'appréciation et de décision de même nature que celui du Parlement* »[378] et qui marque la volonté de laisser toute latitude au législateur. En effet, la recherche d'un motif impérieux d'intérêt général implique d'aller plus en profondeur que dans le cadre d'une appréciation de la présence d'un *simple* motif d'intérêt général, en ceci qu'elle nécessite d'apprécier le contenu et la force dudit motif. Ce serait donc par souci de cohérence que, face à l'approfondissement de son contrôle, le Conseil n'a pas repris son considérant d'auto-restriction. Ces dires à propos de l'absence du considérant d'autolimitation ne relèvent que de l'ordre des suppositions émises, dès lors que le commentaire de la décision reste silencieux sur ce point. A cet égard, la formule d'auto-restriction du Conseil constitutionnel paraît être obsolète et paradoxale, dans le sens où si le Conseil constitutionnel s'en tenait réellement à ne pas s'immiscer dans la politique et interférer dans les considérations qui

---

378 Le considérant est apparu dans le cadre du contrôle *a priori* : V. CC, n°74-54 DC, 15 janvier 1975, *Loi relative à l'interruption volontaire de grossesse*, §1.

Il a été appliqué dans le cadre du contrôle *a posteriori* : V. CC, n°2010-2 QPC, 11 juin 2010, *Mme Vivianne L. [Loi dite « anti-Perruche »]*, §4.

V. pour d'autres applications : CC, n° 90-280 DC, précitée ; CC, n° 93-331 DC, précitée, CC, n° 96-372 DC, précitée ; et enfin pour le seuil de participation applicable aux élections européennes : CC, n° 2019-811 QPC, précitée.

appartiennent au législateur, il ne serait pas en mesure d'apprécier la force d'un motif[379].

Sans équivoque, le contrôle opéré est donc assumé comme étant exceptionnel, du fait de la recherche de la présence de motifs impérieux d'intérêt général. Ces motifs consistent en l'espèce en la lutte contre la propagation de l'épidémie et en la mise en place du confinement. Les Sages ont en effet estimé que pouvait être qualifié de motif impérieux d'intérêt général le fait qu'en : « *adoptant les dispositions contestées, alors que le choix avait été fait, avant qu'il n'intervienne, de maintenir le premier tour de scrutin, le législateur a entendu éviter que la tenue du deuxième tour de scrutin initialement prévu le 22 mars 2020 et la campagne électorale qui devait le précéder ne contribuent à la propagation de l'épidémie de Covid-19, dans un contexte sanitaire ayant donné lieu à des mesures de confinement de la population* »[380].

Exceptionnelle, la décision 2020-849 QPC du 17 juin 2020 l'est donc du fait des motifs la justifiant. A « *report* [...] *sans précédent* »[381], contrôle sans précédent. Ainsi, si habituellement le Conseil constitutionnel veille à la simple présence d'un motif d'intérêt général ou à son caractère suffisant, dans la décision 2020-849 QPC il recherche un motif impérieux d'intérêt général. Le contrôle habituellement restreint en matière électorale a laissé place à un contrôle exceptionnel dans le cadre de cette QPC, soulignant par la même le caractère strictement inusuel de la décision. Ce faisant, le Conseil constitutionnel porte une appréciation sur l'œuvre du législateur et ne reprend pas son considérant classique d'auto-restriction, en dépit du fait que la loi d'urgence sanitaire soit issue d'un consensus politique et parlementaire.

---

379 V. en ce sens Pierre-Yves GAHDOUN, « Le motif d'intérêt général « impérieux » gagne du terrain. Conseil constitutionnel, décision n°2020-849 QPC du 17 juin 2020, M. Daniel D. et autres [Modification du calendrier des élections municipales] », *Op. cit.*

380 CC, n° 2020-849 QPC, 17 juin 2020, précitée, §22.

381 CE, Avis sur le projet de loi d'urgence du 18 mars 2020, précité, pt. 1.

Partant, les circonstances entourant l'adoption de cette loi font de cette décision un « *exceptionnel cas d'espèce* »[382] dont la portée ne devra pas être étendue. Effectivement, si l'impréparation des pouvoirs publics pour faire face à la pandémie de Covid-19 et une expansion rapide et exponentielle de la propagation de ce virus justifient l'admission d'un report des élections trois mois après son arrivée, le Covid-19 ne pourra pas constituer un motif impérieux éternellement, la population comme les institutions devant s'y adapter progressivement. Si la décision est exceptionnelle, il s'agit là d'un dangereux précédent d'altération de la temporalité d'un processus électoral en cours de réalisation. En effet, le « *caractère exceptionnel est le principal support du raisonnement du juge. Le report crée en effet un régime dérogatoire au regard des règles démocratiques* »[383], qu'il serait critique de laisser perdurer pour des raisons qui ont elles-mêmes vocation à subsister.

II. L'étroitesse de l'examen des conditions de report

Le cadre électoral défini par la loi du 23 mars 2020 sur lequel le Conseil constitutionnel justifie en partie sa décision est si strictement examiné que cela appuie le caractère tout à fait exceptionnel de la décision 2020-849 QPC. En effet, le Conseil constitutionnel a examiné les différentes modalités de report et adaptations du droit électoral retenues par le législateur, puis il les a acceptées en raison de leur ampleur.

---

382 Jean-Philippe DEROSIER, « Deux scrutins à un tour, ou des élections municipales originales, décision n° 2020-849 QPC du 17 juin 2020, M. Daniel D. et autres [Modification du calendrier des élections municipales] », *Op. cit.* – « *Si la décision de déconnecter ainsi deux tours d'une même élection constitue un dangereux précédent, sa validation vient souligner qu'il s'agit surtout d'un exceptionnel cas d'espèce* ».

383 Jean-Pierre CAMBY, « Des "circonstances exceptionnelles" aux "circonstances de l'espèce" : l'abstention, facteur d'annulation ? Le report, facteur de participation ? », *Op. cit.*

Très pragmatiquement, le Conseil constitutionnel a d'abord étudié le délai maximal fixé pour la tenue du second tour, qu'il a estimé « *adapté à la gravité de la situation sanitaire et à l'incertitude entourant l'évolution de l'épidémie* »[384] et donc, approprié dans le temps. Ce faisant, il a jugé la durée du report conforme à la Constitution.

De plus, il a veillé à ce que l'organisation d'un second tour en juin ne favorise pas, par elle-même, l'abstention ; d'autant que la tenue de ce second tour est conditionnée par l'amélioration de la situation sanitaire. Il a en effet souligné le fait que la tenue du scrutin était subordonnée *« à la condition que la situation sanitaire le permette, compte tenu notamment de l'analyse du comité de scientifiques prévu à l'article L. 3131-19 du code de la santé publique* ».

Une telle condition a été factrice d'insécurité juridique. La loi n°2020-760 du 22 juin 2020 tendant à sécuriser l'organisation du second tour des élections municipales et communautaires de juin 2020 et à reporter les élections consulaires prévoyait en son article 17 que six jours avant la tenue scrutin reporté, « *le second tour des élections municipales et communautaires organisé le 28 juin 2020 peut être annulé par décret en conseil des ministres jusqu'à la veille du scrutin dans une ou plusieurs communes où l'évolution de la situation sanitaire locale ne permettrait pas sa tenue* ». Par conséquent, jusqu'à la veille du scrutin, les élections municipales pouvaient être annulées dans certaines communes, comme ce fut le cas pour la Guyane[385]. Dans le cas où un second tour n'avait pu se tenir le 28 juin, les électeurs des circonscriptions dans lesquelles le premier tour n'a pas été conclusif ont été à nouveau convoqués, pour deux tours de scrutin.

Ensuite, malgré la rupture temporelle entre les deux tours des élections municipales, le Conseil constitutionnel s'est attaché à assurer une certaine « *continuité des opérations électorales,*

---

384 CC, n° 2020-849 QPC, 17 juin 2020, précitée, §23.

385 Décret n° 2020-774 du 24 juin 2020 annulant le second tour des élections municipales et communautaires en Guyane.

l'égalité entre les candidats au cours de la campagne et la sincérité du scrutin»[386], permise par des mesures d'adaptation du droit électoral. À cette fin, il vise l'ordonnance du 1er avril 2020 qui dispose en son article premier que le second tour de scrutin « *aura lieu à partir des listes électorales et des listes électorales complémentaires établies pour le premier tour*»[387], sous réserve des inscriptions et radiations automatiques. Ce faisant, les Sages du Palais-Royal s'assurent de la préservation, sinon de l'unité des élections, du moins de l'unité du corps électoral et donc, d'une certaine continuité entre les deux tours.

Aussi, les listes d'émargement des bureaux de vote ont pu, par dérogation à l'article L. 68 du code électoral, être communiquées à compter de l'entrée en vigueur du décret de convocation pour le second tour et jusqu'à l'expiration du délai de recours contentieux (soit entre le 18 et le 25 mai 2020)[388] ; afin de conserver la possibilité de contester les résultats du premier tour, malgré la suspension du processus électoral en cours[389].

Enfin, les plafonds de dépenses électorales applicables ont été majorés et une partie des frais engagées pour la propagande du second tour initialement prévu le 22 mars 2020 ont été remboursés[390], afin de préserver au mieux l'égalité entre les candidats.

Toutefois, si le Conseil constitutionnel veille explicitement et étroitement aux modalités de report, celles-ci ne sont pas pour autant parfaites du point de vue des principes électoraux. Comme évoqué ci-dessus, la dérogation au code électoral

---

386 CC, n° 2020-849 QPC, 17 juin 2020, précitée, §26.

387 Ord. n° 2020-390 du 1er avril 2020 relative au report du second tour du renouvellement général des conseillers municipaux et communautaires, des conseillers de Paris et des conseillers de la métropole de Lyon de 2020 et à l'établissement de l'aide publique pour 2021.

388 *Idem*, art. 5.

389 V. en ce sens Jean-Marc PASTOR, « Le Conseil constitutionnel valide le report du second tour des municipales », *AJDA*, 2020, p. 1203.

390 Art. 19, §XII, 6° et 7°, de la loi du 23 mars 2020 précitée.

concernant la date des dépôts de liste, par exemple, est néfaste en ce que la date intervient trop tardivement et qu'elle permet notamment des fusions de liste loin dans le temps.

Il n'empêche que les conditions de report fondent, entre autres, la décision du Conseil constitutionnel, à propos de laquelle il ne cesse de souligner le caractère exceptionnel – dont témoigne également leur examen rigoureux. En d'autres termes, les conditions du report sont si étroitement examinées que le caractère exceptionnel de la décision n'en est que davantage appuyé que ce qu'il ne l'était déjà par l'exigence de la présence d'un motif impérieux d'intérêt général.

Le caractère exceptionnel de la décision est tellement – plus ou moins explicitement – omniprésent et redondant dans la décision, qu'il paraît légitime de s'interroger sur la valeur de la déclaration de conformité. C'est également le cas à l'égard de la déclaration de conformité relative à la loi organique du 30 mars 2020[391], laquelle fut votée en vingt-quatre heures en première lecture au Sénat, première assemblée saisie ; contrairement à ce que la Constitution prévoit en son article 46 alinéa 2, soit que le délai minimal entre le dépôt du texte de loi organique et son examen par la première assemblée saisie est de quinze jours en cas d'utilisation de la procédure accélérée. Ainsi, au regard des décisions de conformité dont tout laisse penser à des décisions d'opportunité compte tenu de leur inconstitutionnalité manifeste, la portée réelle de la déclaration de conformité de l'article 19 de la loi du 23 mars

---

[391] La loi contrôlée est la suivante : Loi organique n° 2020-365 du 30 mars 2020 d'urgence pour faire face à l'épidémie de covid-19.

La décision portant sur cette loi est la suivante : CC, n° 2020-799 DC, 26 mars 2020, *Loi organique d'urgence pour faire face à l'épidémie de covid-19* :

« *2. Déposé devant le Sénat, première assemblée saisie, le 18 mars 2020, le projet de loi organique, pour lequel le Gouvernement a engagé la procédure accélérée, a été examiné en séance publique le lendemain. 3. Compte tenu des circonstances particulières de l'espèce, il n'y a pas lieu de juger que cette loi organique a été adoptée en violation des règles de procédure prévues à l'article 46 de la Constitution.* »

2020 interroge, à l'instar de la déclaration de conformité de la loi du 30 mars 2020[392]. Sous couvert des circonstances, les violations de règles constitutionnelles sont en effet jugées conformes à la Constitution, en dépit du caractère manifeste de l'inconstitutionnalité. Il arrive même que de telles violations soient jugées conformes par des décisions d'apparence fondées en droit, à l'instar de la QPC n° 2020-849.

« *On pourrait soutenir que le Conseil vient valider une violation de la Constitution au nom d'une situation de crise, instant où la Constitution doit, au contraire, être d'autant plus respectée qu'elle est l'ultime rempart contre les excès qu'une telle crise pourrait engendrer* »[393].

[392] V. en ce sens Sylvain HUL, « Les "circonstances particulières" que nous vivons actuellement justifient même que le Conseil constitutionnel accepte qu'il soit dérogé à des dispositions de la Constitution relatives à la passation de lois organiques », *Les petites affiches* [en ligne], 11 juin 2020.

[393] Jean-Philippe DEROSIER, « Gérer la crise... "sans délai", décision n° 2020-799 DC du 26 mars 2020, Loi organique d'urgence pour faire face à l'épidémie de covid-19 », *in :* CARTIER Emmanuel, DEROSIER Jean-Philippe, « Chronique de droits fondamentaux et libertés publiques (janvier 2020 à juin 2020) », *Op. cit.*

CONCLUSION DE LA SECONDE PARTIE

Le report de quinze semaines du seul second tour des élections municipales de 2020 a engendré la déconnexion des deux tours, en méconnaissance des exigences électorales. En effet, cette déconnexion néglige la sincérité du scrutin, notamment en faussant la clarté de l'élection ; ainsi que l'unité du scrutin, elle-même composante de la sincérité du scrutin et de sa clarté. De plus, ce report va à l'encontre des règles législatives calendaires. Pour autant, la méconnaissance des principes électoraux du fait de la déconnexion a été admise par les juges de la rue de Montpensier, tel que ce fut explicité concernant l'unité du scrutin. Finalement, aucun principe n'étant absolu, les membres du Conseil constitutionnel ont estimé que l'article 19 de la loi du 23 mars 2020 reportant le second tour est conforme aux droits et libertés que la Constitution garantit, en dépit de la négation des principes électoraux en présence.

L'admission de la méconnaissance de l'unité du scrutin est expressément justifiée par la préservation de l'expression du suffrage et l'impossibilité d'organiser la suite des élections conformément aux exigences constitutionnelles (compte tenu des paramètres préexistants à la saisine). Elle se justifie également, plus officieusement, par les enjeux extra-juridiques de la décision.

Toutefois, la décision n° 2020-849 QPC est un exceptionnel cas d'espèce. En témoigne, d'une part, l'examen approfondi des conditions – drastiques – de report, et d'autre part, l'exigence d'un motif impérieux d'intérêt général. En ce sens, la décision est justifiée par le contrôle, en apparence, d'une exceptionnelle intensité – le Conseil constitutionnel recherchant pour la première fois un motif impérieux d'intérêt général et non seulement la simple présence d'un intérêt général ou son caractère suffisant – et par les circonstances l'entourant – le Covid-19 étant apparu seulement trois mois auparavant.

Eu égard toutefois à l'admission de la méconnaissance de l'unité du scrutin et aux conséquences potentielles d'une censure, le juge semble, en dépit de l'apparence fondée en droit de sa décision, s'être affranchi des normes électorales. Dès lors, très logiquement, les motivations de sa décision de conformité semblent relever de considérations para-juridiques.

Ainsi, la décision, aussi justifiée et justifiable soit-elle, est controversée. Non seulement elle malmène l'article 3 de la Constitution et s'en affranchit, mais elle constitue également un dangereux précédent de report d'élections.

Si l'apparition soudaine du Covid-19 et l'impréparation des pouvoirs publics pour affronter la pandémie justifient un report exceptionnel des élections municipales, une mauvaise gestion de crise ne peut légitimer indéfiniment ni le report d'autres élections, ni le fait qu'il intervienne de la sorte entre deux tours. Or, depuis la décision du 17 juin 2020, les reports d'élections se sont multipliés alors même que le Conseil constitutionnel a refusé de voir en la pandémie de Covid-19 un changement de circonstances[394]. À titre d'illustrations, ont ainsi été reportées les élections consulaires[395], l'élection des six sénateurs des Français de l'étranger et les élections partielles pour les députés et les sénateurs représentant les Français établis hors de France[396] ainsi que les élections des conseils départementaux, des conseils régionaux et des assemblées de Corse, de Guyane et de Martinique[397]. Il en résulte que c'est

394 CC, n° 2020-850 QPC, précitée.

395 Loi n° 2020-760 du 22 juin 2020 précitée.

396 Loi organique n° 2020-976 du 3 août 2020 portant report de l'élection de six sénateurs représentant les Français établis hors de France et des élections partielles pour les députés et les sénateurs représentant les Français établis hors de France.

397 Loi n° 2021-191 du 22 février 2021 portant report, de mars à juin 2021, du renouvellement général des conseils départementaux, des conseils régionaux et des assemblées de Corse, de Guyane et de Martinique.

« *le processus électoral global qui est ainsi gelé* »[398], en conséquence de l'admission originelle du report du second tour des élections municipales.

L'extension de la portée de la décision n° 2020-849 QPC soulève ainsi une problématique inédite pour la démocratie puisque « *d'exceptionnelle, de transitoire, la situation devient générale et sans échéances certaines, puisque celles-ci pourraient faire l'objet de nouveaux reports, avec la même justification – la situation sanitaire – mais alors en introduisant des distorsions plus fortes au regard du processus démocratique* »[399]. Si l'ensemble de ces reports a notamment vocation à permettre aux campagnes électorales de se dérouler sereinement – ce qui constitue un élément fondamental pour garantir la sincérité du scrutin –, il est toutefois nécessaire de demeurer vigilant quant à la pérennisation d'un régime dérogatoire aux règles démocratiques et de veiller à l'adaptation du droit électoral, dans le respect des principes électoraux. Une telle dynamique de décisions rendues sous couvert de circonstances ne peut perdurer, ni les reports se multiplier dans la tolérance la plus totale[400]. C'est pourquoi il convient de concilier les contraintes liées au contexte avec la vie démocratique.

Il résulte de tout ce qui précède que si le Conseil constitutionnel a validé la conformité aux droits et libertés que la Constitution garantit de l'article 19 de la loi du 23 mars 2020 dans sa décision 2020-849 QPC, il n'en faisait qu'une décision d'espèce, circonstanciée et exceptionnelle. Il est nécessaire qu'elle le reste.

---

398 Jean-Pierre CAMBY, « Des "circonstances exceptionnelles" aux "circonstances de l'espèce" : l'abstention, facteur d'annulation ? Le report, facteur de participation ? », *Op. cit.*, p. 4.

399 *Ibidem.*

400 A propos de reports répétitifs, Jean-Pierre CAMBY met d'ailleurs en garde sur le risque de lasser l'électeur alors « *confronté à des reports et à des campagnes trop longues* », ce qui affaiblirait davantage la démocratie. V. en ce sens Jean-Pierre CAMBY, « Des "circonstances exceptionnelles" aux "circonstances de l'espèce" : l'abstention, facteur d'annulation ? Le report, facteur de participation ? », *Op. cit.*

Toute la problématique actuelle est alors la question de la valeur de ces déclarations de constitutionnalité dans la mesure où le Conseil constitutionnel justifie largement les atteintes portées à la Constitution par les circonstances exceptionnelles. La portée réelle des déclarations de conformité – justifiées par les circonstances – interroge tant au regard des raisons officieuses présumées de la conformité, qu'au regard de déclarations de conformité portant sur des lois manifestement inconstitutionnelles[401] ; d'autant que l'inconstitutionnalité « *peut avoir tendance à se révéler dans l'opportunité* »[402]. Surtout, l'invocation des circonstances pour déroger au socle constitutionnel est dangereux. Il n'est pas anodin que la théorie des circonstances exceptionnelles s'applique à l'égard du pouvoir réglementaire et non législatif : « *rien ne doit permettre de s'affranchir de la Constitution* »[403].

---

401 À titre d'illustration, le Conseil constitutionnel a déclaré conforme à la Constitution la loi organique d'urgence pour faire face à l'épidémie de Covid-19, promulguée le 30 mars 2020. Bien que cette loi fût adoptée en parfaite méconnaissance de l'article 46 de la Constitution, le Conseil constitutionnel a estimé qu'il n'y a pas lieu de faire état de cette violation des procédures législatives constitutionnellement garanties « *compte tenu des circonstances particulières de l'espèce* » pour citer la décision CC, n° 2020-799 DC, précitée, §3.

402 Bruno DAUGERON, « Le report du second tour municipal : analyse juridique contre simplifications médiatiques ? », *Op. cit.*

403 Jean-Philippe DEROSIER, « Un report inconstitutionnel », *La Constitution décodée* [en ligne], 17 mars 2020.

Conclusion generale

Cet ouvrage a démontré que les choix faits par les pouvoirs publics en matière de gestion électorale de la pandémie – aussi difficiles soient-ils – l'ont manifestement été en méconnaissance des principes électoraux. Pourtant, si une crise fortuite implique par définition d'agir vite, elle ne justifie ni le recours à la précipitation, ni *a fortiori* que cette précipitation mène à méconnaître les principes constitutionnels. L'idée même du maintien du premier tour, dans le contexte qui lui était contemporain, est condamnable. Suite à ce choix, aucune des alternatives n'était pleinement satisfaisante du point de vue des exigences constitutionnelles. Il en va ainsi du report de quinze semaines du seul second tour.

La volonté de faire prévaloir la continuité démocratique n'était pas mauvaise en soi. Néanmoins, celle-ci ne doit pas prévaloir sur la sincérité du scrutin, qui conditionne l'effectivité de la démocratie. A quoi bon avoir un processus démocratique non entravé par un arrêt, si celui-ci est trop dégradé pour avoir du sens. Certes, l'admission de telles conditions du déroulement des opérations électorales, qu'elles soient matérielles ou temporelles, a mis fin à l'insécurité juridique et contribué à sortir de la crise. Toutefois, cela mène à se contenter d'une démocratie représentative bradée.

Que ce soit d'un point de vue de la réduction de la campagne électorale, de l'abstention induite ou encore de la déconnexion entre les deux tours, il est indéniable que les principes électoraux supposés les régir, en particulier le principe de sincérité du scrutin, ont été multiplement heurtés à l'occasion des élections municipales de 2020. Les bouleversements de l'acte phare de la démocratie locale sont de trois ordres : bouleversement de la campagne électorale, bouleversement de la participation au scrutin et bouleversement du calendrier électoral. Tous sont liés, plus ou moins intimement, au principe de sincérité du scrutin tel que défini ci-dessus.

Au stade du prétoire, l'état de droit électoral n'a pas été rétabli. Ce travail de recherche a mis en évidence ô combien la jurisprudence a pu travestir, sinon balayer, certains des principes électoraux, à tel point que ceux-ci ont été vidés de leur substance. Pis, au vu de tout ce qui précède, les juges paraissent s'être affranchis du carcan normatif lors des élections municipales de 2020. Si ces derniers s'étaient conformés aux normes électorales, les juges administratifs auraient majoritairement annulé les élections municipales contestées et le juge constitutionnel aurait censuré la loi du 23 mars 2020.

L'affranchissement des normes électorales par les juges administratif et constitutionnel a affaibli la portée jurisprudentielle des principes en cause, au prétexte des circonstances pandémiques exceptionnelles s'agissant du juge constitutionnel, et en raison des conséquences potentielles d'une censure des élections ou de la loi du 23 mars 2020, s'agissant cette fois-ci respectivement du juge administratif et du juge constitutionnel. La dissonance entre la norme électorale et les décisions afférentes aux élections municipales de 2020 est manifeste. Elle témoigne de motivations indubitablement extra-juridiques des décisions portant sur cette séquence électorale. Ce faisant, les principes électoraux, et notamment le principe de sincérité du scrutin – dans ses composantes de liberté, d'égalité, de clarté et d'unité – ont été dépréciés. Le droit en sort violé malgré la validation par les juges.

La question qui se pose alors est celle de la justification de la négation des principes électoraux par les circonstances. D'aucuns diront que « *l'urgence et la crise ne sauraient jamais justifier que l'on porte atteinte à notre socle constitutionnel, a fortiori en temps de crise* »[404], et que « *les circonstances exceptionnelles d'espèce ne*

[404] Jean-Philippe DEROSIER, « Que le Conseil constitutionnel soit saisi », *La Constitution décodée* [en ligne], 21 mars 2020.

sauraient justifier » cette méconnaissance d'une « *gravité exceptionnelle* »[405] ; là où les juge se sont positionnés autrement.

Par ailleurs, le risque est à la pérennisation de la prise en compte du caractère exceptionnel de la situation, alors qu'il ne peut, par essence, qu'être transitoire, et que la situation a vocation à perdurer[406]. Même si ce n'est pas la pandémie elle-même qui a justifié les décisions, mais plutôt ses incidences sur le bon déroulement du processus électoral, ces incidences persistent et leur caractère exceptionnel ne sera plus pertinent[407]. La crainte de Maurice HAURIOU concernant le passage de la théorie des circonstances exceptionnelles à la création d'une théorie jurisprudentielle d'un état de guerre[408] est ici transposable à l'étalement dans le temps du régime dérogatoire. Heureusement, le Conseil constitutionnel sera, le cas échéant, susceptible de juger que les critères du maintien d'un régime dérogatoire aux règles démocratiques ne sont plus réunis[409].

L'enjeu consiste alors à adapter le droit électoral dans le respect des principes constitutionnels, pour concilier au mieux le contexte environnant et la vie démocratique. Toutefois, pour l'heure, les adaptations sont plus réfutées que mises en œuvre : à titre d'illustrations, la numérisation de la campagne électorale est limitée, le vote par correspondance et le vote par anticipation sont refusés ; contrairement aux procurations qui sont encouragées (ce qui est étrange au

---

405 Jean-Philippe DEROSIER, « Un report inconstitutionnel », *Op. cit.*

406 V. en ce sens Jean-Pierre CAMBY, « Des "circonstances exceptionnelles" aux "circonstances de l'espèce" : l'abstention, facteur d'annulation ? Le report, facteur de participation ? », *Op. cit.*

407 *Ibidem.*

408 Maurice HAURIOU, « Pleins pouvoirs du gouvernement pendant la guerre et droit à la communication du dossier. Note sous CE, 28 juin 1948, *Heyriès*, S. 1922.3.49. », *Revue générale du droit* [en ligne], 2015, n° 15499.

409 V. en ce sens Jean-Pierre CAMBY, « Des "circonstances exceptionnelles" aux "circonstances de l'espèce" : l'abstention, facteur d'annulation ? Le report, facteur de participation ? », *Op. cit.*

regard des pratiques majoritaires étrangères). A cet égard, la comparaison avec les autres systèmes peut être qualifiée de terrible[410], d'autant que les modalités de vote ont une réelle incidence sur la participation, en temps de pandémie[411]. S'il n'y a pas de solution parfaite et que chaque technique a ses limites, les adaptations françaises semblent trop timides pour faire face au contexte[412]. Pour cause, le manque d'anticipation et la réticence des pouvoirs publics sont aussi flagrants qu'aberrants[413]. Les reports électoraux qui s'accumulent

---

410 V. en ce sens Romain RAMBAUD, « Élections départementales et régionales : un report possible avant la présidentielle, mais sans doute inconstitutionnel après », *Le blog du droit électoral* [en ligne], 19 octobre 2020 : « *Beaucoup de pays, dans le monde, ont adapté leurs modalités de vote pour surmonter sur le plan électoral la crise de la Covid-19. L'Allemagne et la Suisse, qui disposaient déjà d'un vote par correspondance, l'ont utilisé en mars 2020 avec succès. La Corée du Sud, en avril 2020, a organisé un vote anticipé ayant permis à un quart du corps électoral de voter en avance et, à l'entrée des bureaux de vote, prenait la température des citoyens avant qu'ils aillent voter et les orientaient, en cas de température haute, vers un isoloir spécifique. Le vote par correspondance et/ou le vote anticipé ont également été utilisés aux États-Unis, en Pologne, en Australie, etc. Beaucoup de pays ont donc déjà agi, permettant à la participation de se maintenir à un niveau satisfaisant* ».

V. également les travaux comparatifs de l'IDEA, notamment : <https://www.idea.int/news-media/multimedia-reports/global-overview-covid-19-impact-elections> ; <https://www.idea.int/sites/default/files/publications/managing-elections-during-covid-19-pandemic.pdf>.

411 Commission de Venise, *Rapport intérimaire sur les mesures prises dans les États membres de l'UE à la suite de la crise de la covid-19 et leur impact sur la démocratie, l'État de droit et les droits fondamentaux*, 8 et 9 octobre 2020, avis n° 995/2020, CDL-AD(2020)018-f.

412 V. pour illustration l'excès de prudence du *Rapport DEBRE* : Jean-Louis DEBRE, Rapport, *Quelle date et quelle organisation pour les élections régionales et départementales ?*, 13 novembre 2020 ; à l'image du fait que la France n'a modifié qu'à la marge le droit électoral pour faire face aux circonstances et permettre la continuité démocratique.

413 En témoigne la gestion tardive (la réflexion fut initiée par les pouvoirs publics 5 mois avant les échéances électorales, alors qu'elle avait conscience de la situation un an auparavant) et insuffisante relatives aux

témoignent de cette insuffisance et la stratégie uniquement fondée sur eux en est à la fois la cause. L'abstention observée lors des élections départementales et régionales qui se sont tenues en juin 2021, « *du même ordre que celles des municipales* »[414], témoigne de cette insuffisance stratégique, consistant seulement à reporter les échéances électorales. Il était ainsi fondé de craindre des déconvenues similaires lors des prochaines élections, eu égard au manque d'anticipation et d'adaptation du droit électoral par les pouvoirs publics. L'abstention observée lors des élections départementales et régionales marque un nouvel échec imputable aux pouvoirs publics qui n'ont que trop peu adapté les modalités électorales. Pourtant, une telle adaptation aurait pu pallier le

---

élections départementales et régionales de 2021. A titre d'illustration, s'il était légitime que l'amendement n°19 rect. bis d'Éric KERROUCHE visant à instaurer le vote par correspondance pour le second tour des élections municipales de 2020, précité, ne passe pas à l'Assemblée nationale en raison des délais ; tel n'était plus le cas lors de la réflexion portant sur les modalités de vote des élections départementales et régionales de 2021. Dans son amendement, Éric KERROUCHE indique que : « *cette justification, qui pouvait apparaître légitime, ne peut pas expliquer l'absence de réflexion sur ce sujet dans la perspective des prochaines échéances électorales de 2021. Le contexte sanitaire du Coronavirus ne constitue désormais plus un fait conjoncturel, mais bel et bien structurel. Il convient de le prendre en considération comme tel, ainsi que l'exécutif nous y invite régulièrement en déclarant qu'il faut apprendre à vivre avec le virus. L'imprévisibilité et l'impréparation ne sont désormais plus des arguments recevables* ».

Une telle tardiveté fait se demander s'il s'agit de manœuvres politiciennes, d'un déni de démocratie, initié « *en raison de la fuite de la responsabilité électorale de la majorité* », pour citer Jean-Philippe DEROSIER, « Report des élections régionales et départementales : un chemin étroit », *La Constitution décodée* [en ligne], 28 octobre 2020.

414 Romain RAMBAUD, « Élections départementales et régionales : des élections invisibilisées pour un quasi-statu quo pré-présidentielle », *Op. cit.* – L'abstention observée est du même ordre en ce qu'elle résulte de la carence des pouvoirs publics en matière d'adaptation des modalités de vote au contexte de crise sanitaire ainsi que de la quasi-absence de campagne électorale.

contexte de crise sanitaire et post-sanitaire, ainsi qu'éviter de susciter le désintérêt de l'électorat[415].

L'échec que représente la séquence électorale du printemps de 2020 aurait dû mener les pouvoirs publics à tirer les leçons du passé, provoquer un regain de la participation, activer les leviers nécessaires à la lutte contre la crise de la représentation d'ici les prochaines échéances électorales, pour une démocratie plus effective et au bénéfice des principes constitutionnels.

L'épisode des municipales de 2020, bien qu'il ne soit pas à l'origine du *déclin* démocratique, s'y inscrit toutefois. « *Cette démocratie de crise en crise s'enracine dans un besoin plus profond encore : celui d'un changement de paradigme démocratique, responsable de la crise de la représentation* »[416]. Or, les longs mois qui ont succédé au chaos des élections municipales de 2020 ne sont guère encourageants. Quoi qu'il advienne, la soudaineté de la crise ne pourra plus être invoquée pour tolérer un nouvel échec.

En somme, si la thèse de ce mémoire devait être résumée en une phrase, celle-ci consisterait à souligner que les principes électoraux ont été éprouvés lors de la séquence électorale des municipales de 2020, pour être ensuite avilis au stade du prétoire. C'est la démocratie, le principe de notre République, ainsi que les principes électoraux, qui en sortent lésés, et la conception réductrice de la démocratie, davantage visible.

---

[415] *Ibidem* – il se demande d'ailleurs si l'invisibilisation du scrutin qui en a découlé a été « *subie ou voulue* ».

[416] Beverley TOUDIC, *Op. cit.* ; Romain RAMBAUD, « Droit électoral et covid-19 : un an et demi de crise(s) », *Droit administratif*, 2021, n°6, II, p. 13 – « *La crise sanitaire a renforcé l'affaiblissement de l'aspect "démocratique" de l'élection pour en renforcer le caractère aristocratique* ». En effet, les développements qui précèdent établissent que l'enjeu des élections pour les pouvoirs publics consistait davantage à renouveler les élus, telle une formalité à réaliser, qu'à se soucier de l'abstention et plus largement du caractère démocratique des élections. Cela appuie la nécessité de changement paradigmatique.

« *Le constat a ceci de désolant que l'échec démocratique des élections en période de Covid-19 n'était pas une fatalité* »[417].

[417] Romain RAMBAUD, « Droit électoral et covid-19 : un an et demi de crise(s) », *Op. cit.*

BIBLIOGRAPHIE

OUVRAGES GENERAUX, MANUELS, TRAITES

- C -

CAMBY Jean-Pierre, *Le Conseil constitutionnel, juge électoral*, 7è éd., Paris, Dalloz (Thèmes et commentaires), 2017, 334 p.

CAUCHOIS Hervé, **SAVIGNAC** Jean-Charles, *Droit et pratique des élections*, 3è éd., Boulogne-Billancourt, Berger-Levrault (Les indispensables), 2017, 562 p.

- D -

DELPEREE Francis, *Le contentieux électoral*, Paris, PUF (Que sais-je ?), 1998, 123 p.

DESRAMEAUX Gérard-David, *Droit électoral*, 2è éd., Levallois-Perret, Studyrama (Panorama du droit), 2017, 285 p.

DOUBLET Yves-Marie, **TOUVET** Laurent, *Droit des élections*, 2è éd., Paris, Economica (Corpus), 2014, 658 p.

- E -

EHRHARD Thomas, **PORTELLI** Hugues, *Droit constitutionnel*, 13è éd., Paris, Dalloz (Hypercours), 2019, 500 p.

- F -

FOILLARD Philippe, *Droit constitutionnel et institutions politiques*, 20è éd., Bruxelles, Bruylant (Coll. Paradigme), 2014, 436 p.

- G -

GAUDEMET Yves, *Les élections locales*, Paris, Dalloz, 1991, 335 p.

- H -

HAURIOU Maurice, *Précis de droit constitutionnel, 2*è éd., Paris, Dalloz (Bibliothèque), 2015, 794 p.

- M -

MALIGNER Bernard, *Droit électoral*, Paris, Ellipses, 2007, 1071 p.

- R -

RAMBAUD Romain, *Droit des élections et des référendums politiques*, Issy-les-Moulineaux, LGDJ (Précis Domat), 2019, 744 p.

MONOGRAPHIES, THESES, ESSAIS

- B -

BABES Madeleine, **HUGLO** Benjamin, **LEPAGE** Corinne, *Guide pratique des élections municipales,* 3è éd., Paris, LexisNexis, 2020, 310 p.

BENETTI Julie, **LEVADE** Anne, **ROUSSEAU** Dominique (dir.), *Le droit interne des partis politiques : journée d'étude en hommage au professeur Jean-Claude Colliard du 30 septembre 2015,* Institut des sciences juridique et philosophique de la Sorbonne en collaboration avec l'AFDC, Paris, Mare & Martin, 2017, 202 p.

BOUTAYEB Chahira (dir.), *Mélanges en l'honneur de Jean-Claude MASCLET*, Paris, Travaux de l'Université Paris I Panthéon-Sorbonne (De Republica), 2013, 1088 p.

- C -

CACQUERAY (DE) Sophie, **FATIN-ROUGE STEFANINI** Marthe, **GHEVONTHIAN** Richard, **LAMOUROUX** Sophie (dir.), *Sincérité et démocratie,* Colloque organisé le 29 janvier 2010, Aix-en-Provence, PUAM, 2011, 372 p.

COTTIN Stéphane, **PRUNIER** Guy, *Campagne électorale et élections locales*, Paris, Dalloz (Corpus), 2019, 442 p.

- D -

DAUGERON Bruno, *La notion d'élection en droit constitutionnel. Contribution à une théorie juridique de l'élection à partir du droit public français*, DENQUIN Jean-Marie (dir.), Paris, Dalloz (Nouvelle bibliothèque de thèse), 2011, vol. 103, 1298 p.

DELCAMP Alain et al. (dir.), *Nouvelles questions sur la démocratie*, Paris, Dalloz (Thèmes et commentaires), octobre 2010, 162 p.

DEROSIER Jean-Philippe (dir.), *La désignation des gouvernants : Les Cahiers du ForInCIP n°2*, Paris, LexisNexis, 2017, 326 p.

DEROSIER Jean-Philippe (dir.), *Les partis politiques : Les Cahiers du ForInCIP n°4*, Paris, LexisNexis, 2019, 346 p.

- G -

GAXIE Daniel, *Le cens caché*, Paris, Le Seuil, 1978, 296 p.

- K -

KELSEN Hans, *La démocratie. Sa nature – Sa valeur* (trad. de la 2e éd., Charles EISENMANN), Paris, Sirey, 1932 ; rééd. Dalloz (Bibliothèque Dalloz), 2004, 121 p.

KELSEN Hans, *Théorie pure du droit* (trad. de la 2è éd., Charles EISENMANN), Paris, Dalloz, 1962 ; rééd. LGDJ - Bruylant, 1999, 384 p.

KELSEN Hans, *Théorie générale du droit et de l'État*, Bruxelles/Paris, Bruylant/LGDJ, 1997, 517 p.

- R -

ROBBE François (dir.), *Droit et communication politique*, Actes du Colloque de l'Université de Lyon 3 du 8 février 2008, PUAM, 2010, 161 p.

DICTIONNAIRES, LEXIQUES, REPERTOIRES, ENCYCLOPEDIES

- A -

ALLAND Denis, **RIALS** Stéphane (dir.), *Dictionnaire de la culture juridique*, Paris, PUF (Lamy, coll. « Quadrige. Dicos Poche »), 2003, 1649 p.

- C -

CORNU Gérard, *Vocabulaire juridique*, 11è éd., Paris, PUF, 2016, 1101 p.

- G -

GAUDEMET Yves, actualisé par MALIGNER Bernard puis par COTTIN Stéphane et PRUNIER Guy, « Élections locales : contentieux », *dans* : *Encyclopédie des collectivités locales*, Chapitre 1, Folio n° 11510, Paris, Dalloz, 2015.

GAUDEMET Yves, refondu par COTTIN Stéphane et PRUNIER Guy, « Élections locales : calendrier de la campagne électorale », *dans* : *Encyclopédie des collectivités locales*, Chapitre 1, Folio n° 11310, Paris, Dalloz, 2019.

- M -

MIAILLE Michel, *Les mots clés de la citoyenneté*, Dalloz (À savoir), 2018, 320 p.

- P -

PFERSMANN Otto, « La production des normes : production normative et hiérarchie des normes », *in :* **TROPER** Michel, **CHAGNOLLAUD** Dominique (dir.), *Traité international de droit constitutionnel*, t. 2, Paris, Dalloz, 2012, pp. 499-502.

ARTICLES DE DOCTRINE, CONTRIBUTIONS

- A -

ARDANT Philippe, **PORTELLI** Hugues, « La démocratie municipale », *Pouvoirs* [en ligne], n° 73, 1995 : *La démocratie municipale*, p. 5, disponible sur : <https://revue-pouvoirs.fr/-73-La-democratie-municipale-.html>, [consulté le 29 janvier 2021].

- B -

BUI Thi Ha, **RAMBAUD** Romain, « Annulation des élections municipales d'Annemasse par le TA de Grenoble : le seul niveau (très) élevé de l'abstention permet-il d'annuler une élection ? », *Association Dauphinoise du Droit public* [en ligne], 5 février 2021, disponible sur : <https://addp-asso.fr/2021/02/05/annulation-des-elections-municipales-annemasse/> [consulté le 13 février 2021].

BÖCKENFÖRDE Ernst-Wolfgang, « Le droit, l'État et la constitution démocratique. Essais de théorie juridique, politique et constitutionnelle », *Revue internationale de droit comparé*, n° 53-1, 2001, pp. 227-229.

BRACONNIER Cécile, **DORMAGEN** Jean-Yves, « Une démocratie de l'abstention. Retour sur le non vote et ses conséquences politiques lors des scrutins municipaux et européens de 2014 », *Hérodote*, n° 154, mars 2014, pp. 42-58.

BROUARD Sylvain, **MCAVAY** Haley, « Participation aux élections municipales 2020 en métropole : l'effet du Covid-19 », *Notes Attitudes toward COVID-19 – A comparative study Science Po CEVIPOF*, 10 juin 2020, 10 p.

- C -

CAMBY Jean-Pierre, « Le contentieux électoral : bilan et perspectives », *AJCT*, 2012, p. 361 et s.

CAMBY Jean-Pierre, « Contentieux électoral : les élections municipales à la lueur des élections européennes », *AJDA*, 2021, p. 383 et s.

CAMBY Jean-Pierre, « Des "circonstances exceptionnelles" aux "circonstances de l'espèce" : l'abstention, facteur d'annulation? Le report, facteur de participation? », *LPA*, 23 février 2021, n° 038, p. 4 et s.

CANO Jean-Alexandre, **MAGNAVAL** Olivier, « De l'effet du covid-19 sur les délais en matière de contentieux électoral », *La Semaine Juridique Administrations et Collectivités territoriales*, n° 15, 14 avril 2020.

CHEVALLIER Jacques, « Expertise scientifique et décision politique », *RDSS*, 2020, p. 831 et s.

- D -

DAL FARRA Thierry, « La responsabilité de l'État et de ses représentants dans la gestion de l'épidémie de covid-19. Les effets de la convergence des jurisprudences administrative et répressive », *AJDA*, 2020, p. 1463 et s.

DEMUNCK Claire, « État d'urgence sanitaire : *quid* des élections ? », *AJCT*, 2020, p. 222.

DOMINGO Laurent, **HUBAC** Sylvie, « La fonction consultative du Conseil d'État pendant la crise sanitaire », *RFDA*, 2020, p. 629 et s.

DUPUIS-DERI Francis, « Qu'est-ce que la démocratie ? », *Horizons philosophiques* [en ligne], Volume 5, n° 1, 1994, pp. 84-95, disponible sur : <https://id.erudit.org/iderudit/800967ar> [consulté le 29 janvier 2021].

- E -

ELLUL Jacques, « Propagande et démocratie », *RFSP*, n°3, 1952, pp. 474-504.

ERNENWEIN François, « Retour sur les élections municipales », *Études*, n° 4275, octobre 2020, pp. 31-41.

ESPLUGAS-LABATUT Pierre, « Plaidoyer pour la recodification du droit électoral », *AJDA*, 2020, p. 1644 et s.

- F -

FARRUGIA Valérie, « La question de la constitutionnalité du report du second tour des élections municipales et communautaires », *La Semaine Juridique Administrations et Collectivités territoriales*, n°13, 30 mars 2020.

- G -

GARRONE Pierre, « Le patrimoine électoral européen. Une décennie d'expérience de la Commission de Venise dans le domaine électoral », *RDP*, 2001, n° 5, 30 mars 2020.

GHEVONTIAN Richard, « La notion de sincérité du scrutin », *Cahiers du Conseil constitutionnel*, n°13, Dossier : *La sincérité du scrutin,* janvier 2003.

GRANERO Aurore, « Élections municipales : un second tour à hauts risques », *AJCT,* 2020, p. 265 et s.

- H -

HERIN Jean-Louis, « Les exclus du droit de vote », *Pouvoirs* [en ligne], 2007, n°120 : Voter, p.95-107, disponible sur : <https://revue-pouvoirs.fr/Les-exclus-du-droit-de-vote.html> [consulté le 29/01/2021].

HUL Sylvain, « Les "circonstances particulières" que nous vivons actuellement justifient même que le Conseil constitutionnel accepte qu'il soit dérogé à des dispositions de la Constitution relatives à la passation de lois organiques », *Les petites affiches* [en ligne], 11 juin 2020, disponible sur : <https://www.actu-juridique.fr/constitutionnel/les-circonstances-particulieres-que-nous-vivons-actuellement-justifient-meme-que-le-conseil-constitutionnel-accepte-quil-soit-deroge-a-des-dispositions-de-la-constitut/.> [consulté le 18/05/2021].

- J -

JOBART Jean-Charles, « Abstention et sincérité du scrutin municipal », *AJDA*, 2020, p. 2212 et s.

- K -

KOEBEL Michel, **VIGNON** Sébastien, « Les enjeux des élections municipales », *Savoir/Agir*, Du Croquant (éd.), n°25, mars 2013, pp. 9-12.

KOEBEL Michel, « Les élections municipales sont-elles politiques ? Enjeux locaux, enjeux nationaux », *Savoir/Agir*, n°3, janvier 2008, pp. 103-108.

KOMBILA Hilème, « Le report des élections en droit constitutionnel français », *RFDC*, 2015, n° 103, pp. 591-614.

- M -

MALIGNER Bernard, « Le contentieux des élections municipales de 1989 », *RFDA*, 1991, p. 2 et s.

MAMOUDY Olga, « Le contentieux électoral », *AJDA*, 2020, p. 217 et s.

MANIN Bernard, « Volonté générale ou délibération ? Esquisse d'une théorie de la délibération politique », *Le débat*, janvier 1985, n° 33, pp. 72-94.

MARTIN Pierre, « Les municipales de mars 2020, Un mauvais tour ? », *Commentaire*, n° 170, février 2020, pp. 281-288.

- P -

PASTOR Jean-Marc, « Le Conseil constitutionnel valide le report du second tour des municipales », *AJDA*, 2020, p. 1201 et s.

PFERSMANN Otto, « A quoi bon un " pouvoir judiciaire " ? », *in :* **CAYLA** Olivier, **RENOUX-ZAGAME** Marie-France (dir.), *L'office du juge : part de souveraineté ou puissance nulle ?*, Bruxelles / Paris, Bruylant / LGDJ (La pensée juridique), 2002, 237 p., pp. 181-193.

POURHIET (LE) Anne-Marie, « Définir la démocratie », *RFDC*, mars 2011, n° 87, pp. 453-464.

- R -

RAMBAUD Romain, « Droit électoral et circonstances exceptionnelles, Les lacunes révélées par la crise du coronavirus », *AJDA*, 2020, p. 824 et s.

RAMBAUD Romain, « Covid-19 et suspension du contentieux électoral, Quelles conséquences sur l'office du juge ? », *AJDA*, 2020, p. 945 et s.

RAMBAUD Romain, « Contentieux des élections municipales : les « lois » de l'écart de voix », *AJDA*, 2020, p. 1596 et s.

RAMBAUD Romain, « Élections municipales : le Conseil constitutionnel valide la loi du 23 mars 2020 », *AJDA*, 2020, p. 1673 et s.

RAMBAUD Romain, « Élections municipales 2020 : retour sur le scrutin et perspectives contentieuses », *Recueil Dalloz*, 2020, p. 1400 et s.

RAMBAUD Romain, « Report d'élections : nouvelles vagues », *AJDA,* 2021, p. 1131et s.

RAMBAUD Romain, « Droit électoral et covid-19 : un an et demi de crise(s) », *Droit administratif*, 2021, n°6, II, p. 13.

ROUBAN Luc, « Le vote des seniors », *CEVIPOF*, septembre 2011, pp. 1-4.

ROUSSELIER Nicolas, « L'État à l'âge de la crise sanitaire », *Études*, n° 4274, septembre 2020, pp. 33-44.

- S -

SEBAG Laurent, « La démocratie électorale à l'épreuve de la crise sanitaire (covid-19), *AJCT*, 2020, p. 467 et s.

- T -

TOUDIC Beverley, « Le coronavirus, des enseignements à tirer pour sortir d'une démocratie déjà confinée », *Institut Rousseau* [en ligne], 15 mai 2020, disponible sur : <https://www.institut-rousseau.fr/le-coronavirus-des-enseignements-a-tirer-pour-sortir-dune-democratie-deja-confinee/> [consulté le 9 février 2021].

- V -

VERPEAUX Michel, « Le second tour des élections municipales de 2020 a bien eu lieu », *JCP Adm,* 29 juin 2020, n° 26, p. 1187 et s.

VERPEAUX Michel, « Le report des élections cantonales et régionales pour cause de crise sanitaire », *La semaine du droit*, n° 12, 22 mars 2021, pp. 559-560.

VERPEAUX Michel, « Le report des élections locales : une série à épisodes », *La Semaine Juridique Administrations et Collectivités territoriales*, n° 18, 3 mai 2021, p. 2149 et s.

VERPEAUX Michel, « Le report des élections locales, une coutume française renouvelée par la pandémie de covid-19 », *RFDA*, 2021, p. 479 et s.

VIALA Alexandre, « Le positivisme juridique : Kelsen et l'héritage kantien », *Revue interdisciplinaire d'études juridiques*, février 2011, pp. 95-117.

VIGNON Sébastien, « Un scrutin de « proximité » toujours participationniste ? Quelques éléments de compréhension de la démobilisation autour des élections municipales », *Savoir/Agir*, n° 25, mars 2013, pp. 13-22.

- Y -

YAZI-ROMAN Mehdi, « Les élections municipales au risque de l'épidémie de covid-19. Bilan et perspectives (de contentieux ?) », *AJCT*, 2020, p. 356 et s.

ARTICLES DE BLOG

- B -

BEAUD Olivier, « La surprenante invocation de l'article 16 dans le débat sur le report du second tour des élections municipales », *Jus Politicum* [en ligne], 23 mars 2020, disponible sur : <https://blog.juspoliticum.com/2020/03/23/la-surprenante-invocation-de-larticle-16-dans-le-debat-sur-le-report-du-second-tour-des-elections-municipales-par-olivier-beaud/> [consulté le 22 janvier 2021].

BONNAUD Timothé, **SALEN** Pierrick, « L'inopérance de l'abstention liée au covid-19 sur la sincérité des élections municipales », *Village de la Justice* [en ligne], 1er mai 2020, disponible sur : <https://www.village-justice.com/articles/inoperance-abstention-liee-covid-sur-

sincerite-des-elections-municipales,35089.html> [consulté le 23 décembre 2020].

- C -

CAMBY Jean-Pierre, **SCHOETTL** Jean-Éric, « Le contentieux des municipales par temps de pandémie : le Conseil d'Etat remplit le Conseil constitutionnel de la plénitude de ses prérogatives », *Le club des juristes* [en ligne], 2 juin 2020, disponible sur : <https://www.leclubdesjuristes.com/blog-du-coronavirus/que-dit-le-droit/le-contentieux-des-municipales-par-temps-de-pandemie-le-conseil-detat-remplit-le-conseil-constitutionnel-de-la-plenitude-de-ses-prerogatives/> [consulté le 12 février 2021].

CAMBY Jean-Pierre, **SCHOETTL** Jean-Éric, « Deuxième tour des élections municipales de 2020 : mode d'emploi », *Le club des juristes* [en ligne], 27 juin 2020, disponible sur : <https://www.leclubdesjuristes.com/blog-du-coronavirus/que-dit-le-droit/deuxieme-tour-des-elections-municipales-de-2020-mode-demploi/> [consulté le 10 février 2021].

- D -

DAUGERON Bruno, « Le Conseil constitutionnel a-t-il une théorie de la représentation ? », *Jus Politicum* [en ligne], n° 21, juillet 2018, disponible sur : < http://juspoliticum.com/numero/La-jurisprudence-du-Conseil-Constitutionnel-et-les-differentes-branches-du-droit-numero-20-21-73.html> [consulté le 22 janvier 2021].

DAUGERON Bruno, « Le report du second tour municipal : analyse juridique contre simplifications médiatiques ? », *Jus Politicum* [en ligne], 30 mars 2020, disponible sur : <https://blog.juspoliticum.com/2020/03/30/le-report-

du-second-tour-des-elections-municipales-analyse-juridique-contre-simplifications-mediatiques-par-bruno-daugeron/> [consulté le 22 janvier 2021].

DEROSIER Jean-Philippe, « Élections municipales : la fin du nouveau monde », *La Constitution décodée* [en ligne], 25 novembre 2019, disponible sur : <https://constitutiondecodee.fr/2019/11/25/elections-municipales-la-fin-du-nouveau-monde/> [consulté le 8 décembre 2020].

DEROSIER Jean-Philippe, « L'enjeu présidentiel des élections municipales », *La Constitution décodée* [en ligne], 9 mars 2020, disponible sur : <https://constitutiondecodee.fr/2020/03/09/lenjeu-presidentiel-des-elections-municipales/> [consulté le 7 décembre 2020].

DEROSIER Jean-Philippe, « Un report inconstitutionnel », *La Constitution décodée* [en ligne], 17 mars 2020, disponible sur : <https://constitutiondecodee.fr/2020/03/17/un-report-inconstitutionnel/> [consulté le 7 décembre 2020].

DEROSIER Jean-Philippe, « Que le Conseil constitutionnel soit saisi », *La Constitution décodée* [en ligne], 21 mars 2020, disponible sur : <https://constitutiondecodee.fr/2020/03/21/que-le-conseil-constitutionnel-soit-saisi/ > [consulté le 8 décembre 2020].

DEROSIER Jean-Philippe, « Assumer pour avancer », *La Constitution décodée* [en ligne], 18 mai 2020, disponible sur : <https://constitutiondecodee.fr/2020/05/18/assumer-pour-avancer/> [consulté le 8 décembre 2020].

DEROSIER Jean-Philippe, « Les municipales : un symbole », *La Constitution décodée* [en ligne], 8 juin 2020, disponible sur : <https://constitutiondecodee.fr/2020/06/08/les-municipales-un-symbole/> [consulté le 7 décembre 2020].

DEROSIER Jean-Philippe, « Report des élections régionales et départementales : un chemin étroit », *La Constitution décodée* [en ligne], 28 octobre 2020, disponible sur : <https://constitutiondecodee.fr/2020/10/28/report-des-elections-regionales-et-departementales-un-chemin-etroit/> [consulté le 7 décembre 2020].

DEROSIER Jean-Philippe, « Le vote par correspondance : une solution exceptionnelle », *La Constitution décodée* [en ligne], 18 décembre 2020, disponible sur : < https://constitutiondecodee.fr/2020/12/18/le-vote-par-correspondance-une-solution-exceptionnelle/> [consulté le 10 avril 2021].

- G -

GIRARD Didier, « Report des élections municipales : les bruits de couloirs ministériels », *Le blog du droit électoral* [en ligne], 15 mars 2020, disponible sur : <https://blogdudroitelectoral.fr/2020/03/report-des-elections-municipales-les-bruits-de-couloir-ministeriels-didier-girard/> [consulté le 20 janvier 2021].

GIRARD Didier, « Procurations : objets de convoitises et de délits ? », *Le blog du droit électoral* [en ligne], 27 juin 2020, disponible sur : <https://blogdudroitelectoral.fr/2020/06/procurations-objets-de-convoitises-et-objets-de-delits-d-girard/> [consulté le 20 janvier 2021].

- L -

LANDOT Éric, « M. D. Maus : « élections municipales : le Conseil d'État "joue la montre"… », 5 juin 2020, *Le blog Landot Avocats* [en ligne], disponible sur : <https://blog.landot-avocats.net/2020/06/05/m-d-maus-elections-municipales-le-conseil-detat-joue-la-montre/> [consulté le 9 février 2021].

- R -

RAMBAUD Romain, « Loi Covid 19 et élections : le Parlement trouve un consensus ! », *Le blog du droit électoral* [en ligne], 22 mars 2020, disponible sur : <https://blogdudroitelectoral.fr/2020/03/loi-covid-19-et-elections-le-parlement-aboutit-a-un-consensus-r-rambaud/> [consulté le 16 janvier 2021].

RAMBAUD Romain, « Organiser des élections malgré le Covid-19 : la leçon de la Corée du Sud », 4 mai 2020, *Le blog du droit électoral* [en ligne], 4 mai 2020, disponible sur : <https://blogdudroitelectoral.fr/2020/05/organiser-des-elections-malgre-le-covid-19-lexemple-de-la-coree-du-sud-r-rambaud/> [consulté le 30 janvier 2021].

RAMBAUD Romain, « Organiser des élections malgré le Covid-19 : le contre-exemple de la Pologne », *Le blog du droit électoral* [en ligne], 6 mai 2020, disponible sur : <https://blogdudroitelectoral.fr/2020/05/organiser-des-elections-malgre-le-covid-19-le-contre-exemple-de-la-pologne-r-rambaud/> [consulté le 17 janvier 2021].

RAMBAUD Romain, « Quand faut-il déconfiner les élections municipales ? Les enseignements du droit comparé pour la France », *Le blog du droit électoral* [en ligne], 11 mai 2020, disponible sur : <https://blogdudroitelectoral.fr/2020/05/quand-faut-il-deconfiner-les-elections-municipales-les-enseignements-du-droit-compare-pour-la-france-r-rambaud/> [consulté le 18 janvier 2021].

RAMBAUD Romain, « Élections municipales : quelques propositions simples pour améliorer la sécurité et la sincérité du scrutin », *Le blog du droit électoral* [en ligne], 15 mai 2020, disponible sur : <https://blogdudroitelectoral.fr/2020/05/elections-municipales-quelques-propositions-simples-pour-ameliorer-la-securite-et-la-sincerite-du-scrutin-r-rambaud/> [consulté le 16 janvier 2021].

RAMBAUD Romain, « 2nd tour le 28 juin : vers des élections municipales “dégradées” », *Le blog du droit électoral* [en ligne], 22 mai 2020, disponible sur : <https://blogdudroitelectoral.fr/2020/05/2nd-tour-le-28-juin-vers-des-elections-municipales-degradees-r-rambaud/> [consulté le 17 janvier 2021].

RAMBAUD Romain, « Vote par correspondance ou vote électronique pour le 2nd tour des élections municipales : une idée contraire au principe de stabilité du droit électoral », *Le blog du droit électoral* [en ligne], 25 mai 2020, disponible sur : <https://blogdudroitelectoral.fr/2020/05/vote-par-correspondance-ou-electronique-pour-le-2nd-tour-des-elections-municipales-une-fausse-bonne-idee-r-rambaud/> [consulté le 16 janvier 2021].

RAMBAUD Romain, « Élections municipales : le Conseil d'État saisit le Conseil constitutionnel de la loi d'urgence pour faire face à l'épidémie de Covid-19 ! », *Le blog du droit électoral* [en ligne], 26 mai 2020, disponible sur : <https://blogdudroitelectoral.fr/2020/05/1er-tour-des-elections-municipales-le-conseil-detat-renvoie-la-qpc-au-conseil-constitutionnel/> [consulté le 16 janvier 2021].

RAMBAUD Romain, « Élection municipales : les principes du droit électoral, boussole pour éviter une nouvelle crise», *Le blog du droit électoral* [en ligne], 28 mai 2020, disponible sur : <https://blogdudroitelectoral.fr/2020/05/elections-municipales-les-principes-du-droit-electoral-boussole-pour-eviter-une-nouvelle-crise-r-rambaud/> [consulté le 17 janvier 2021].

RAMBAUD Romain, « QPC élections municipales : le Conseil constitutionnel valide le maintien du 1er tour et le report du 2nd … », *Le blog du droit électoral* [en ligne], 17 juin 2020, disponible sur : <https://blogdudroitelectoral.fr/2020/06/qpc-elections-municipales-le-conseil-constitutionnel-valide-le-maintien-

du-1er-tour-et-le-report-du-2nd-tour-r-rambaud/> [consulté le 17 janvier 2021].

RAMBAUD Romain, avec **ASPLUND** Eric, **CLARK** Alistair, **JAMES** Toby, « Constitutional, legal and political lessons from elections in the time of pandemic », *The French Republic*, *Idea.Int* [en ligne], 23 juin 2020, disponible sur : <https://www.idea.int/news-media/news/constitutional-legal-and-political-lessons-elections-time-pandemic-french-republic?fbclid=IwAR3sxUQRr8v4cNFPjKbnvktXJwAx6VlXSBlaIo8gsnReuB_RD6cCvvrI5WQ> [consulté le 20 décembre 2020].

RAMBAUD Romain, « Élections départementales et régionales : un report possible avant la présidentielle, mais sans doute inconstitutionnel après », *Le blog du droit électoral* [en ligne], 19 octobre 2020, disponible sur : <https://blogdudroitelectoral.fr/2020/10/elections-departementales-et-regionales-un-report-possible-avant-la-presidentielle-inconstitutionnel-apres-r-rambaud/> [consulté le 20 mai 2021].

RAMBAUD Romain, « Élections municipales et abstention : le Conseil d'État désavoue l'annulation des élections de Maleville malgré un écart de voix faible ! », *Le blog du droit électoral* [en ligne], 1 juin 2021, disponible sur : <https://blogdudroitelectoral.fr/2021/06/elections-municipales-et-abstention-le-conseil-detat-desavoue-lannulation-des-elections-de-maleville-r-rambaud/> [consulté le 20 juillet 2021].

RAMBAUD Romain, Abstention aux élections départementales et régionales : l'échec de la stratégie électorale de la France face au covid-19 », *Le blog du droit électoral* [en ligne], 20 juin 2021, disponible sur : <https://blogdudroitelectoral.fr/2021/06/abstention-aux-elections-departementales-et-regionales-lechec-de-la-

strategie-electorale-de-la-france-face-au-covid-19-r-rambaud/> [consulté le 20 juillet 2021].

RAMBAUD Romain, « Élections départementales et régionales : des élections invisibilisées pour un quasi-statu quo pré-présidentielle », *Le blog du droit électoral* [en ligne], 28 juin 2021, disponible sur : <https://blogdudroitelectoral.fr/2021/06/elections-departementales-et-regionales-des-elections-invisibilisees-pour-un-quasi-statu-quo-pre-presidentielle-r-rambaud/> [consulté le 20 juillet 2021].

ROJAS Danielle, « L'État de droit en période de Covid-19 : l'Union européenne mise à l'épreuve », *RTD Eur.*, 2020, p. 531.

- AUTRES -

50 Millions d'électeurs !, « Courrier aux députés », *50 Millions d'électeurs* [en ligne], 7 juin 2020, disponible sur : <https://electeurs.fr/courrier-aux-deputes/> [consulté le 10 février 2021].

50 Millions d'électeurs !, « Et maintenant ? », *50 Millions d'électeurs* [en ligne], 28 septembre 2020, disponible sur : <https://electeurs.fr/et-maintenant/> [consulté le 13 février 2021].

ARTICLES DE PRESSE

- B -

BONTE Pierre, « La commune, c'est le berceau de la démocratie », *France Dimanche* [en ligne], 12 décembre 2015, disponible sur : <https://www.francedimanche.fr/vie-pratique/pierre-bonte-la-commune-c-est-le-berceau-de-la-democratie>.

- C -

CORNUDET Cécile, « Municipales : Larcher et Fabius en travers de Macron », *Les Echos* [en ligne], 12 mars 2020, disponible sur : <https://www.lesechos.fr/politique-societe/politique/municipales-larcher-et-fabius-en-travers-de-macron-1184812>.

- D -

DESTRI Chiara, **THIEBAUT** Cyrille, « De la démocratie en temps de Covid-19 », *The Conversation* [en ligne], 13 mars 2020, disponible sur : <https://theconversation.com/de-la-democratie-en-temps-de-covid-19-133659?fbclid=IwAR0eFrb5vyBDrNse8VDnlblq928nfzLG3CFwES3vfvGLBJvzzspGGhMftmA> [consulté le 12 février 2021].

DEROSIER Jean-Philippe, propos recueillis par JOHANNES Franck, « Jean-Philippe Derosier : Reporter le second tour est anticonstitutionnel », *Le Monde*, 20 mars 2020, p. 6.

DUHAMEL Olivier, propos recueillis par JOHANNES Jérôme, « Olivier Duhamel : « Il me paraît impossible de reporter une élection s'il n'y a pas de consensus », *Le point* [en ligne], 16 mars 2020, disponible sur : <https://www.lepoint.fr/elections-municipales/olivier-duhamel-il-me-parait-impossible-de-reporter-une-election-s-il-n-y-a-pas-de-consensus-16-03-2020-2367289_1966.php> [consulté le 9 février 2021].

- E -

EMERY Audrey, « Pluie de recours contre le premier tour des municipales », *Le point* [en ligne], 28 mars 2020, disponible sur : <http://amp.lepoint.fr/2369158> [consulté le 02 février 2021].

- F -

FABIUS Laurent, interviewé par DURAND-SOUFFLAND Stéphane, « Laurent Fabius : "Pas d'éclipse des principes fondamentaux du droit" », *Le Figaro*, 18 avril 2020, n° 23537, p. 6.

- M -

MAUS Didier, « Élections municipales : et si on recommençait tout ? », *Opinion internationale* [en ligne], 23 avril 2020, disponible sur : < https://www.opinion-internationale.com/2020/04/23/elections-municipales-et-si-on-recommencait-tout-la-chronique-de-didier-maus_73817.html> [consulté le 12 février 2021].

MELIN-SOUCRAMANIEN Ferdinand, **POTIER** Frédéric, « Le report du second tour des élections municipales n'est pas contraire à la Constitution », *Le Monde* [en ligne], 20 mars 2020, disponible pour les abonnés sur : https://www.lemonde.fr/idees/article/2020/03/20/le-report-du-second-tour-des-elections-municipales-n-est-pas-contraire-a-la-constitution_6033894_3232.html [consulté le 9 février 2021].

MENESTREL (LE) Joakim *et al.*, « Municipales 2020 : un scrutin infecté par le Covid-10, menace sur la démocratie », *L'opinion* [en ligne], 20 mars 2020, disponible sur : <https://www.lopinion.fr/edition/politique/municipales-2020-scrutin-infecte-covid-19-menace-democratie-tribune-d-214850?fbclid=IwAR2itwsJjj96OhNDyWuoPwsZUi2zjstPGKRTPxB5tRfk3MMvzaiyJDxpPoI> [consulté le 11 février 2021].

- P -

PERRIER Nathalie, « Municipales : le Covid-19 phagocyte la campagne », *La gazette des communes* [en ligne], 16 juin 2020, disponible sur :

<https://www.lagazettedescommunes.com/683836/municipales-le-covid-19-phagocyte-la-campagne/?fbclid=IwAR3Fc3egUeIHV_0cM_3rwFzKr3qhJRkriewm5slQzKFSJNXju9gS3omK_Sc> [consulté le 11/02/2021].

PETIT Maxime, « La Balme-de-Sillingy : le coup de poker de Séverine MUGNIER aux Municipales », *L'Essor Savoyard* [en ligne], 25 février 2020, disponible sur : < https://www.lessorsavoyard.fr/5671/article/2020-02-25/la-balme-de-sillingy-le-coup-de-poker-de-severine-mugnier-aux-municipales>.

- R -

ROBERT Stéphane et al., « Les maires nouvellement élus sont-ils légitimes ? », *France culture* [en ligne], 1er juillet 2020, disponible sur : <https://www.franceculture.fr/politique/les-maires-nouvellement-elus-sont-ils-legitimes> [consulté le 13 mars 2021].

ROUSSEAU Dominique, propos recueillis par ATTIAS Esther, « Municipales : "dissocier les deux tours est inconstitutionnel" selon le constitutionnaliste Dominique Rousseau », *Challenges* [en ligne], 18 mars 2020, disponible sur : <https://www.challenges.fr/politique/municipales-dissocier-les-deux-tours-est-inconstitutionnel-declare-le-constitutionnaliste-dominique-rousseau_703182> [consulté le 9 février 2021].

ROUSSEAU Dominique, propos recueillis par SYLVAIN Henry, « Il faut annuler le résultat du premier tour et réorganiser totalement les élections municipales », *Acteurs publics* [en ligne], 18 mars 2020, disponible pour les abonnés sur : <https://www.acteurspublics.fr/articles/dominique-rousseau-il-faut-annuler-le-resultat-du-premier-tour-et-reorganiser-totalement-les-elections-municipales> [consulté le 9 février 2021] .

- S -

SCORDIA Bastien, « Le report du second tour des élections municipales divise les constitutionnalistes », *Acteurs publics* [en ligne], 25 mars 2020, disponible sur : <https://www.acteurspublics.fr/articles/le-report-du-second-tour-des-elections-municipales-divise-les-constitutionnalistes> [consulté le 9 février 2021].

SCORDIA Bastien, « Un nouveau report des élections municipales coûterait 80 millions d'euros », *Acteurs publics* [en ligne], 28 mai 2020, disponible sur : <https://www.acteurspublics.fr/articles/un-nouveau-report-des-elections-municipales-couterait-80-millions-deuros> [consulté le 9 mai 2021].

SELLIER Julien, « Covid-19 : des élections municipales annulées, d'autres cas possibles ? », *RTL* [en ligne], 17 septembre 2020, disponible sur : <https://www.rtl.fr/actu/politique/covid-19-des-elections-municipales-annulees-d-autres-cas-possibles-7800811530?fbclid=IwAR3sxUQRr8v4cNFPjKbnvktXJwAx6VlXSBlaIo8gsnReuB_RD6cCvvrI5WQ> [consulté le 2 février 2021].

- V -

VAUDANO Maxime, « Municipales 2020 : la saisissante carte de l'abstention », *Le Monde* [en ligne], 16 mars 2020, disponible sur : <https://www.lemonde.fr/les-decodeurs/article/2020/03/16/municipales-la-saisissante-carte-de-l-abstention_6033186_4355770.html> [consulté le 20 février 2021].

NOTES, CHRONIQUES

- C -

CARTIER Emmanuel, **DEROSIER** Jean-Philippe, « Chronique de droits fondamentaux et libertés publiques (janvier 2020 à juin 2020) », *Titre VII* [en ligne], octobre 2020, n° 5, disponible sur : <https://www.conseil-constitutionnel.fr/publications/titre-vii/chronique-de-droits-fondamentaux-et-libertes-publiques-1> [consulté le 7 décembre 2020].

- G -

GAHDOUN Pierre-Yves, « Chronique de droit public (janvier 2020 à juin 2020) », *Titre VII* [en ligne], n° 5 : *La sécurité juridique*, octobre 2020, disponible sur : <https://www.conseil-constitutionnel.fr/publications/titre-vii/chronique-de-droit-public-janvier-2020-a-juin-2020> [consulté le 28 janvier 2021].

- H -

HAURIOU Maurice, « Pleins pouvoirs du gouvernement pendant la guerre et droit à la communication du dossier. Note sous CE, 28 juin 1948, *Heyriès*, S. 1922.3.49. », *Revue générale du droit* [en ligne], 2015, n° 15499, disponible sur : <https://www.revuegeneraledudroit.eu/blog/2015/04/29/pleins-pouvoirs-du-gouvernement-pendant-la-guerre-et-droit-a-la-communication-du-dossier/> [consulté le 10 mai 2021].

- L -

LEBIED Joachim, « Abstention, écart de voix et sincérité de l'élection par temps de covid-19, TA Grenoble, 31 décembre 2020, n° 2001869 », *Dalloz actualité*, 14 janvier 2021.

LINGIBE Patrick, « Le Conseil d'État et l'abstention : juger la moralité de l'élection ou celle des électeurs ? CE 15 juillet 2020, *Élections municipales et communautaires de Saint-Sulpice-sur-Risle,* req. n° 440055 », *Dalloz actualité*, 21 juillet 2020.

CONCLUSIONS

- O -

ODINET Guillaume, conclusions sur CE, 25 mai 2020, *Élections municipales de La Brigue* et *Élections municipales de Juvignac,* n° 440217 et n° 440235.

ODINET Guillaume, conclusions sur CE, 15 juillet 2020, *Élections municipales et communautaires de Saint-Sulpice-sur-Risle,* n°440055.

- V -

VILLARD Nathan, conclusions sur TA Grenoble, 18 décembre 2020, *Élections d'Annemasse,* n°2001860.

RAPPORTS, BILANS, DOCUMENTS INTERNES

- C -

CE, Dossier thématique : *La question prioritaire de constitutionnalité devant la juridiction administrative*, 17 novembre 2014, mis à jour le 2 décembre 2019, 14 p.

Commission de Venise, *Compilation sur les états d'urgence,* 16 avril 2020, CDL-PI(2020)003.

Commission de Venise, *Rapport intérimaire sur les mesures prises dans les Etats membres de l'UE à la suite de la crise de la covid-19 et leur impact sur la démocratie, l'Etat de droit et les droits fondamentaux*, 8 et 9 octobre 2020, avis n° 995/2020, CDL-AD(2020)018-f.

Commission permanente du CE, Avis sur le projet de loi d'urgence pour faire face à l'épidémie de Covid-19, 18 mars 2020, n° 399873.

CSA, Délibération n° 2017-62 du 22 novembre 2017 relative au principe de pluralisme politique dans les services de radio et de télévision.

Communiqué de presse du **Conseil des ministres** du 21 décembre 2020, figurant dans le dossier législatif de la loi n°2021-191 du 22 février 2021 portant report, de mars à juin 2021, du renouvellement général des conseils départementaux, des conseils régionaux et des assemblées de Corse, de Guyane et de Martinique.

Conseil scientifique COVID-19, Avis sur les *Modalités sanitaires du processus électoral à la sortie du confinement*, 18 mai 2020.

- D -

DEBRE Jean-Louis, Rapport, *Quelle date et quelle organisation pour les élections régionales et départementales ?*, 13 novembre 2020.

- M -

Ministre de l'Intérieur, circulaire INTA2006575J du 9 mars 2020 relative à l'organisation des élections municipales.

- S -

SENAT, Communiqué de presse du 15 mars 2020.

SENAT, Deuxième Rapport d'étape sur *La mise en œuvre de l'état d'urgence sanitaire*, 29 avril 2020.

SENAT, Rapport d'information sur *Mieux organiser la Nation en temps de crise*, n° 609, 8 juillet 2020.

SENAT, Rapport d'information sur *Le vote à distance*, n° 240, 16 décembre 2020.

Sites internet

- C -

Conseil constitutionnel [en ligne], [consulté le 23 décembre 2020], disponible sur : <conseil-constitutionnel.fr>.

Conseil d'État [en ligne], [consulté le 15 décembre 2020], disponible sur : <www.conseil-etat.fr> et notamment le dossier thématique « Le juge administratif et le droit électoral », disponible sur : <https://www.conseil-etat.fr/ressources/etudes-publications/dossiers-thematiques/le-juge-administratif-et-le-droit-electoral>.

CNCCFP [en ligne], [consulté le 10 décembre 2020], disponible sur : <www.cnccep.fr>.

CNIL [en ligne], [consulté le 10 février 2021], disponible sur : <www.cnil.fr>, mots clefs « Vie politique » et « Élections ».

CSA [en ligne], [consulté le 10 janvier 2021], disponible sur : <www.CSA.fr>, rubrique « Le pluralisme politique et les campagnes électorales ».

- D -

Derosier Jean-Philippe, La Constitution décodée [en ligne], [consulté le 7 décembre 2020], disponible sur : <constitutiondecodee.fr>.

- E -

Légibase élections [en ligne], [consulté le 13 février 2021], disponible sur : <https://elections.legibase.fr/>.

- I –

IDEA [en ligne], [consulté le 23 mai 2021], disponible sur : <www.idea.int>.

Ifop [en ligne], [consulté le 10 mars 2021], disponible sur : <www.ifop.com/>.

- **M** -

Ministère de l'intérieur [en ligne], [consulté le 12 février 2021], disponible sur : <www.interieur.gouv.fr>, rubrique « Élections ».

- **R** -

RAMBAUD Romain, Le blog du droit électoral [en ligne], [consulté le 22 décembre 2020], disponible sur : <https://blogdudroitelectoral.fr/>.

- **AUTRES** -

50 Millions d'électeurs ! [en ligne], [consulté le 12 février 2021], disponible sur : <https://electeurs.fr/>.

AUTRES

- **A** -

Association Dauphinoise du Droit Public, Table ronde numérique du 6 avril 2021, « Les élections municipales 2020 : regards croisés sur les aspects juridiques », non publiée.

- **C** -

CAMBY Jean-Pierre et **GAUDEMONT (DE)** Christelle, *Code électoral 2020*, annoté, 26e éd., Paris, Dalloz (Droit public), 2020, 1326 p.

- **L** -

LASCOMBE Michel, **POTTEAU** Aymeric, **VANDENDRIESSCHE** Xavier (Commentaires),

GAUDEMONT (DE) Christelle (contribution), *Code constitutionnel et des droits fondamentaux 2020, annoté et commenté en ligne*, 9e éd., Paris, Dalloz, 2019, 2734 p.

- P -

PFERSMANN Otto, « Le normativisme », *Question sur la question* [en ligne], n° 6, 2017, [consulté le 10 mai 2021], disponible sur : <https://www.dailymotion.com/video/x5h8s5a>.

TABLE DE JURISPRUDENCES

CONSEIL CONSTITUTIONNEL

CC, n° 58-75 AN, 6 janvier 1959, *A. N., Seine (46ème circ.).*

CC, n° 67-488 AN, 25 mai 1967, *A. N. (2ème circ.).*

CC, n° 73-603/741 AN, 27 juin 1973, *A. N., Réunion (2ème circ.).*

CC, n° 73-637 AN, 21 novembre 1973, *A. N. Corse (2ème circ.).*

CC, n° 74-54 DC, 15 janvier 1975, *Loi relative à l'interruption volontaire de grossesse.*

CC, n° 78-101 DC, 17 janvier 1979, *Loi portant modification des dispositions du titre 1er du livre V du code du travail relatives aux conseils de prud'hommes.*

CC, n° 80-892/893/894 AN, 19 janvier 1981, *Cantal (1ère circ.).*

CC, n° 82-146 DC, 18 novembre 1982, *Loi modifiant le code électoral et le code des communes et relative à l'élection des conseillers municipaux et aux conditions d'inscription des Français établis hors de France sur les listes électorales.*

CC, n° 85-196 DC, 8 août 1985, *Loi sur l'évolution de la Nouvelle-Calédonie.*

CC, n° 87-227 DC, 7 juillet 1987, *Loi modifiant l'organisation administrative et le régime électoral de la ville de Marseille.*

CC, n° 88-1030 AN, 28 juin 1988, *A. N. Oise (2ème circ.).*

CC, n° 89-256 DC, 25 juillet 1989, *Loi portant dispositions diverses en matière d'urbanisme et d'agglomérations nouvelles.*

CC, n° 90-280 DC, 6 décembre 1990, *Loi organisant la concomitance des renouvellements des conseils généraux et des conseils régionaux.*

CC, n° 93-1279 AN, 1er juillet 1993, *Wallis-et-Futuna.*

CC, n° 93-331 DC, 13 janvier 1994, *Loi rétablissant le renouvellement triennal par moitié des conseils généraux.*

CC, n° 94-341 DC, 6 juillet 1994, *Loi relative à la date du renouvellement des conseillers municipaux.*

CC, n° 96-372 DC, 6 février 1996, *Loi organique relative à la date du renouvellement des membres de l'assemblée territoriale de la Polynésie française.*

CC, n° 97-2205 AN, 25 novembre 1997, *A. N. Leur-et-Loir (1ère circ.).*

CC, n° 98-2571/2572/2573 AN, 9 mars 1999, *A. N., Alpes-Maritimes (2e circ.).*

CC, n° 2001-444 DC, 9 mai 2001, *Loi organique modifiant la date d'expiration des pouvoirs de l'Assemblée nationale.*

CC, n° 2003-468 DC, 3 avril 2003, *Loi relative à l'élection des conseillers régionaux et des représentants au Parlement européen ainsi qu'à l'aide publique aux partis politiques.*

CC, n° 2004-490 DC, 12 février 2004, *Loi organique portant statut d'autonomie de la Polynésie française.*

CC, n° 2007-3742/3947 AN, 20 décembre 2007, *Hauts-de-Seine (10ème circ.).*

CC, n° 2008-563 DC, 21 février 2008, *Loi facilitant l'égal accès des femmes et des hommes au mandat de conseiller général.*

CC, n° 2010-2 QPC, 11 juin 2010, *Mme Vivianne L. [Loi dite « anti-Perruche »].*

CC, n° 2013-667 DC, 16 mai 2013, *Loi relative à l'élection des conseillers départementaux, des conseillers municipaux et des conseillers communautaires, et modifiant le calendrier électoral.*

CC, n° 2013-673 DC, 18 juillet 2013, *Loi relative à la représentation des Français établis hors de France.*

CC, n° 2014-689, 13 février 2014, *Loi organique interdisant le cumul de fonctions exécutives locales avec le mandat de député ou de sénateur.*

CC, n° 2013-366 QPC, 14 février 2014, *SELARL PJA, ès qualités de liquidateur de la société Maflow France [Validation législative des délibérations des syndicats mixtes instituant le « versement transport »].*

CC, n° 2016-729 DC, 21 avril 2016, *Loi organique de modernisation des règles applicables à l'élection présidentielle.*

CC, n° 2017-753 DC, 8 septembre 2017, *Loi organique pour la confiance dans la vie politique.*

CC, n° 2017-5092 AN, 18 décembre 2017, *A. N. Loiret (4ème circ).*

CC, n° 2017-5079/5082/5129 AN, 19 janvier 2018, *A. N., Français établis hors de France (9ème circ.), M. Erwan Davoux et autres.*

CC, n° 2018-738 QPC, 11 octobre 2018, *M. Pascal D. [Absence de prescription des poursuites disciplinaires contre les avocats].*

CC, n° 2018-773 DC, 20 décembre 2018, *Loi relative à la lutte contre la manipulation de l'information.*

CC, n° 2019-811 QPC, 25 octobre 2019, *Mme Fairouz H. et autres [Seuil de représentativité applicable aux élections européennes].*

CC, n° 2020-799 DC, 26 mars 2020, *Loi organique d'urgence pour faire face à l'épidémie de covid-19.*

CC, n° 2020-849 QPC, 17 juin 2020, *M. Daniel D. et autres [Modification du calendrier des élections municipales].*

CC, n° 2020-850 QPC, 17 juin 2020, *Mme Patricia W.*

<u>CONSEIL D'ÉTAT</u>

CE, 20 novembre 1905, *Élections de Vedise*, Lebon p. 852.

CE, 26 janvier 1961, *Élections municipales de Plan-de-Cuques*, n° 48281.

CE, 11 décembre 1989, *Élections municipales d'Aniche*, n° 107623.

CE, 5 février 1990, *Élections municipales de Livarot*, n° 109016.

CE, 7 mars 1990, *Élections municipales de Givet*, n° 109050.

CE, 22 juin 1990, *Élections municipales de Forbach*, n° 107768.

CE, 5 septembre 1990, *Élections municipales de La Roque d'Anthéron*, n° 109277.

CE, 16 janvier 1998, *Carrère*, n° 188926.

CE, 19 juin 1998, *Élections municipales de Vitrolles et Anglade*, n° 189731.

CE, 15 mai 2000, *Élections dans la province des Iles Loyauté au congrès de Nouvelle-Calédonie et à l'assemblée de la province*, n° 208206.

CE, 29 novembre 2000, *Élection partielle de Wailly*, n° 220510.

CE, 11 janvier 2002, *Élections municipales de Saint-Pierre*, n° 234948.

CE, 6 mars 2002, *Élections municipales de Rangiroa*, n° 236243.

CE, 9 octobre 2002, *Élections de Rovelas*, n° 235362.

CE, 24 septembre 2008, *Élections municipales de Martys*, n° 317786.

CE, 11 août 2009, *Élections municipales de la Rivière-Salée*, n° 322619.

CE, 11 juillet 2011, *Élections municipales de Saint-Paul*, n° 342852.

CE, 11 juillet 2011, *Élections cantonales de Saint-Leu*, n° 342851.

CE, 17 décembre 2014, *Élections municipales de Saint-Rémy-sur-Avre*, n° 381500.

CE, 7 janvier 2015, *Élections municipales de la Valentine*, n° 383052.

CE, 19 juin 2015, *Élections municipales de Saint-Joseph [La Réunion]*, n° 385704.

CE, 25 mai 2020, *Élections municipales de La Brigue*, n° 440217.

CE, 15 juillet 2020, *Élections municipales et communautaires de Saint-Sulpice-sur-Risle*, n° 440055.

CE, 4 novembre 2020, *Élections municipales de Frignicourt*, n° 440355.

CE, 6 novembre 2020, *Élections municipales de Saint-Juste-de-Claix*, n° 442054.

CE, 3 décembre 2020, *Élection de Champcueil*, n° 442545.

CE, 16 décembre 2020, *Élections municipales de Sanary-sur-mer*, n° 442351.

CE, 29 décembre 2020, *Élections municipales de Beauvais*, n° 441808.

CE, 29 décembre 2020, *Élections municipales de Dannemarie*, n° 443688.

CE, 27 janvier 2021, *Élections municipales de Ruffey-lès-Echirey*, n° 445579.

CE, 28 janvier 2021, *Élections municipales de Faulquemont*, n° 443737.

CE, 28 janvier 2021, *Élections municipales de Saint Georges d'Oleron*, n° 445084.

CE, 11 février 2021, *Élections municipales de Savigneux*, n° 445309.

CE, 26 février 2021, *Élections municipales de Villenauxe-la-Grande*, n° 445004.

CE, 5 mars 2021, *Élections municipales de Schnersheirm*, n° 445561.

CE, 10 mars 2021, *Élections municipales de Parempuyre*, n° 445547.

CE, 12 mars 2021, *Élections municipales de Saint-Germain-au-Mont D'or*, n° 445425.

CE, 12 mars 2021, *Élections municipales de Templeuve-en-Pévèle*, n° 445717.

CE, 22 mars 2021, *Élections municipales de La Balme-de-Sillingy*, n° 445083.

CE, 29 mars 2021, *Élections municipales de Livarot-Pays d'Auge*, n° 445639.

CE, 29 mars 2021, *Élections municipales de Lardin-Saint Lazare*, n° 443527.

CE, 30 mars 2021, *Élections municipales de Pernes*, n° 445494.

CE, 31 mars 2021, *Élections municipal es du Chesnay-Rocquencourt*, n° 447880.

CE, 31 mai 2021, *Élections de Malville*, n°441889.

TRIBUNAUX ADMINISTRATIFS

BORDEAUX

TA Bordeaux, 7 juillet 2020, *Élections de Bouglon*, n° 2001702.

TA Bordeaux, 7 juillet 2020, *Élections de Meilhan-sur-Garonne*, n° 2001413.

CHALONS-EN-CHAMPAGNE

TA Châlons-en-Champagne, 17 juillet 2020, *Élections de Balan*, n° 2000836.

TA Châlons-en-Champagne, 29 juillet 2020, *Élections de Vivier-au-Court*, n° 2000662.

GRENOBLE

TA Grenoble, 15 septembre 2020, *Élections de La Balme-de-Sillingy*, n° 2001840.

TA Grenoble, 16 octobre 2020, *Élections de Crest*, n° 2003565.

TA Grenoble, 31 décembre 2020, *Élections d'Annemasse*, n° 001869.

TA Grenoble, 22 janvier 2021, *Élections d'Eybens*, n° 2003560.

TA Grenoble, 4 février 2021, *Élections d'Annecy*, n° 2003571.

Lyon

TA Lyon, 2 mars 2021, *Élections de Chassieu*, n° 2004285–2004583.

TA Lyon, 6 juillet 2020, *Élections de Brens*, n° 2002780.

Melun

TA Melun, 3 mars 2021, *Élections de Chennevières-sur-Marnes*, n° 2004959.

Nancy

TA Nancy, 16 juillet 2020, *Élections de Saint-Amé*, n° 2000842.

TA Nancy, 17 juillet 2020, *Élections de La Chaize-Le-Vicomte*, n° 2003386.

TA Nancy, 21 juillet 2020, *Élections de Brin sur Seille*, n° 2001219.

TA Nancy, 21 juillet 2020, *Élections de Le Val d'Ajol*, n° 2001220.

Nantes

TA Nantes, 9 juillet 2020, *Élections d'Herbignac*, n° 2003258.

TA Nantes, 9 juillet 2020, *Élections de Malville*, n° 2004764.

TA Nantes, 17 juillet, 2020, *Élections de Moncé-en-Belini*, n° 2003373.

TA Nantes, 31 juillet 2020, *Élections de Beaucouzé*, n° 2003376.

Nimes

TA Nîmes, 9 juillet 2020, *Élections de Cucuron*, n° 2001306.

TA Nîmes, 9 juillet 2020, *Élections de Montfrin*, n° 2001033.

TA Nîmes, 9 juillet 2020, *Élections de Sault*, n° 2001023.

TA Nîmes, 13 août 2020, *Élections de Sainte-Cécile-les-Vignes*, n° 2001112.

Poitiers

TA Poitiers, 29 juillet 2020, *Élections de Dompierre-sur-Mer*, n° 2001136.

Rennes

TA Rennes, 26 mai 2020, *Élections d'Ile-et-Vilaine*, n° 2002084.

TA Rennes, 26 mai 2020, *Élections de Vezin-le-Coquet*, n° 2002084.

TA Rennes, 3 juillet 2020, *Élections du Theil-de-Bretagne*, n° 2002056.

TA Rennes, 22 juillet 2020, *Élections de Cléder*, n° 2001343.

TA Rennes, 22 juillet 2020, *Élections de Pont-Péan*, n° 2001951.

TA Rennes, 22 juillet 2020, *Élections de Romillé*, n° 2002118.

TA Rennes, 28 juillet 2020, *Élections de Val d'Oust*, n° 2001612.

Strasbourg

TA Strasbourg, 10 juillet 2020, *Élections d'Oeting*, n° 2002225.

TA Strasbourg, 10 juillet 2020, *Élections de Petite-Rosselle*, n° 2002226.

TA Strasbourg, 31 juillet 2020, *Élection de Hussern Wesserling*, n° 2002618.

Toulouse

TA Toulouse, 30 septembre 2020, *Élections de Pibrac*, n° 2001540.

Versailles

TA Versailles, 7 juillet 2020, *Élections de Champcueil*, n° 2002208.

TA Versailles, 3 août 2020, *Élections de Boissy-sous-Saint-Yon*, n° 2002230.

TA Versailles, 3 août 2020, *Élections de Guerville*, n° 2002154.

TA Versailles, 24 décembre 2020, *Élections de Conflans Sainte Honorine*, n° 2003161.

TA Versailles, 24 décembre 2020, *Élections de Saint-Germain-lès-Arpajon*, n° 2002742.

TABLE DES NORMES

ARTICLES

DUDH

Art. 3 ; 25.

CEDH

Art. 3 du protocole n°1.

CONSTITUTION DU 4 OCTOBRE 1958

Art. 1 ; 2 ; 3 ; 4 ; 16.

CODE ELECTORAL

Art. L. 52 ; L. 56 ; L. 227 ; L. 246 ; L. 248 ; L. 253 ; L. 267 ; L. 271 ; L. 272 ; L. 567 ; R. 26.

CODE DE SANTE PUBLIQUE

Art. L. 3131-1.

Lois

Loi n° 90-1103 du 11 décembre 1990 organisant la concomitance des renouvellements des conseils généraux et des conseils régionaux.

Loi n° 2005-1563 du 15 décembre 2005 prorogeant la durée du mandat des conseillers municipaux et des conseillers généraux renouvelables en 2007.

Loi du 16 janvier 2015 relative à la délimitation des régions, aux élections régionales et départementales et modifiant le calendrier électoral.

Loi n°2020-290 du 23 mars 2020 d'urgence pour faire face à l'épidémie de Covid-19.

Loi organique n° 2020-365 du 30 mars 2020 d'urgence pour faire face à l'épidémie de covid-19.

Loi n° 2020-760 du 22 juin 2020 tendant à sécuriser l'organisation du second tour des élections municipales et communautaires de juin 2020 et à reporter les élections consulaires.

Loi n° 2020-856 du 9 juillet 2020 organisant la sortie de l'état d'urgence sanitaire.

Loi organique n° 2020-976 du 3 août 2020 portant report de l'élection de six sénateurs représentant les Français établis hors de France et des élections partielles pour les députés et les sénateurs représentant les Français établis hors de France.

Loi n° 2021-191 du 22 février 2021 portant report, de mars à juin 2021, du renouvellement général des conseils départementaux, des conseils régionaux et des assemblées de Corse, de Guyane et de Martinique.

ORDONNANCES

Ordonnance n° 2003-1165 du 8 décembre 2003 portant simplifications administratives en matière électorale.

Ordonnance n° 2020-390 du 1er avril 2020 relative au report du second tour du renouvellement général des conseillers municipaux et communautaires, des conseillers de Paris et des conseillers de la métropole de Lyon de 2020 et à l'établissement de l'aide publique pour 2021.

Ordonnance n°2020-305 du 25 mars 2020 portant adaptation des règles applicables devant les juridictions de l'ordre administratif.

DECRETS

Décret n° 2007-1468 du 15 octobre 2007 fixant la date de renouvellement des conseils municipaux et portant convocation des électeurs.

Décret n°2019-928 du 4 septembre 2019 fixant la date du renouvellement des conseillers municipaux et communautaires, des conseillers de Paris et des conseillers métropolitains de Lyon, et portant convocation des électeurs.

Décret n°2020-267 du 17 mars 2020 portant report du second tour du renouvellement des conseillers municipaux et communautaires, des conseillers de Paris et des conseillers métropolitains de Lyon.

Décret n° 2020-642 du 27 mai 2020 fixant la date du second tour du renouvellement général des conseillers municipaux et communautaires, des conseillers de Paris et des conseillers métropolitains de Lyon, et portant convocation des électeurs.

Décret n° 2020-643 du 27 mai 2020 relatif au report du second tour du renouvellement général des conseillers municipaux et communautaires, des conseillers de Paris et des conseillers métropolitains de Lyon de 2020 et à l'adaptation du décret du 9 juillet 1990 à l'état d'urgence sanitaire.

Décret n° 2020-663 du 31 mai 2020 prescrivant les mesures générales nécessaires pour faire face à l'épidémie de covid-19 dans le cadre de l'état d'urgence sanitaire.

Décret du 14 juin 2020 modifiant le décret n° 2020-663 du 31 mai 2020 prescrivant les mesures générales nécessaires pour faire face à l'épidémie de covid-19 dans le cadre de l'état d'urgence sanitaire.

Décret n° 2020-742 du 17 juin 2020 prévoyant des dispositions spécifiques en vue du second tour du renouvellement général des conseillers municipaux et communautaires, des conseillers de Paris et des conseillers métropolitains de Lyon prévu le 28 juin 2020 et adaptant certaines dispositions du code électoral.

Décret n° 2020-743 du 17 juin 2020 prescrivant les mesures sanitaires exceptionnelles nécessaires pour l'organisation des élections organisées le 28 juin 2020.

Décret n° 2020-774 du 24 juin 2020 annulant le second tour des élections municipales et communautaires en Guyane.

AUTRES

Art. 1-1 de la Constitution espagnole.

Art. 196 du Public Official Election Act de la République de Corée.

Amendement n° 19 rect. bis déposé sur la proposition de loi tendant à sécuriser l'établissement des procurations électorales et l'organisation du second tour des élections municipales de juin 2020 adoptée le 2 juin 2020.

Amendement n° COM-38 sur la loi n° 2020-760 du 22 juin 2020 tendant à sécuriser l'organisation du second tour des élections municipales et communautaires de juin 2020 et à reporter les élections consulaires.

TABLE DES MATIERES

Structures éditoriales du groupe L'Harmattan

L'Harmattan Italie
Via degli Artisti, 15
10124 Torino
harmattan.italia@gmail.com

L'Harmattan Hongrie
Kossuth l. u. 14-16.
1053 Budapest
harmattan@harmattan.hu

L'Harmattan Sénégal
10 VDN en face Mermoz
BP 45034 Dakar-Fann
senharmattan@gmail.com

L'Harmattan Cameroun
TSINGA/FECAFOOT
BP 11486 Yaoundé
inkoukam@gmail.com

L'Harmattan Burkina Faso
Achille Somé – tengnule@hotmail.fr

L'Harmattan Guinée
Almamya, rue KA 028 OKB Agency
BP 3470 Conakry
harmattanguinee@yahoo.fr

L'Harmattan RDC
185, avenue Nyangwe
Commune de Lingwala – Kinshasa
matangilamusadila@yahoo.fr

L'Harmattan Congo
219, avenue Nelson Mandela
BP 2874 Brazzaville
harmattan.congo@yahoo.fr

L'Harmattan Mali
ACI 2000 - Immeuble Mgr Jean Marie Cisse
Bureau 10
BP 145 Bamako-Mali
mali@harmattan.fr

L'Harmattan Togo
Djidjole – Lomé
Maison Amela
face EPP BATOME
ddamela@aol.com

L'Harmattan Côte d'Ivoire
Résidence Karl – Cité des Arts
Abidjan-Cocody
03 BP 1588 Abidjan
espace_harmattan.ci@hotmail.fr

Nos librairies en France

Librairie internationale
16, rue des Écoles
75005 Paris
librairie.internationale@harmattan.fr
01 40 46 79 11
www.librairieharmattan.com

Librairie des savoirs
21, rue des Écoles
75005 Paris
librairie.sh@harmattan.fr
01 46 34 13 71
www.librairieharmattansh.com

Librairie Le Lucernaire
53, rue Notre-Dame-des-Champs
75006 Paris
librairie@lucernaire.fr
01 42 22 67 13

www.ingramcontent.com/pod-product-compliance
Lightning Source LLC
LaVergne TN
LVHW010923061026
849535LV00007B/2203
9782140281716